7~8年级，
改变孩子一生
的关键

程文◎著

朝華出版社
BLOSSOM PRESS

图书在版编目（CIP）数据

7~8年级，改变孩子一生的关键 / 程文著. -- 北京:
朝华出版社, 2019.5
ISBN 978-7-5054-4454-6

Ⅰ.①7… Ⅱ.①程… Ⅲ.①初中生—家庭教育
Ⅳ.①G782

中国版本图书馆CIP数据核字（2018）第303270号

7~8年级，改变孩子一生的关键

作　　者　程　文

选题策划　王　剑
责任编辑　赵　倩
特约编辑　孙　开
责任印制　张文东　陆竞赢
封面设计　异一设计

出版发行　朝华出版社
社　　址　北京市西城区百万庄大街24号　　　　　邮政编码　100037
订购电话　（010）68996618　68996050
传　　真　（010）88415258（发行部）
联系版权　j-yn@163.com
网　　址　http://zhcb.cipg.org.cn
印　　刷　三河市三佳印刷装订有限公司
经　　销　全国新华书店
开　　本　710mm×1000mm　1/16　　　　　　字　　数　180千字
印　　张　14.25
版　　次　2019年5月第1版　2019年5月第1次印刷
装　　别　平
书　　号　ISBN 978-7-5054-4454-6
定　　价　35.00元

前　言

　　小升初结束后，孩子就要进入 7~8 年级。对于孩子来说，这是他们人生中至关重要的一次机遇和挑战，不论是身心发育、生活习惯，还是学习内容、学习方法、学习行为，都与小学时期截然不同。通常来说，孩子在小学 7~8 年级的时候，妈妈要格外注意以下几个问题：

　　7~8 年级的孩子，进入一个迅速成长的时期。身体的快速发育，让他们看起来不再是一个"小孩子"；

　　7~8 年级的孩子，进入性成熟期，身体外部开始出现一些生理变化，即第二性征开始出现；

　　7~8 年级的孩子，一方面意识到性的存在，意识到两性的差别，并对异性产生了浓厚的兴趣和探究等行为；另一方面出于对性别差异的敏感，又羞于与异性接近，在两性交往中更多地表现出回避、疏远、排斥等行为；

　　7~8 年级的孩子，随着身体的迅速发育及趋于成熟，内心会产生一种"成熟感"，应对各种事情的能力大大增强；

　　7~8 年级的孩子，变得更加成熟、独立，在家庭中的地位和

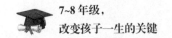
作用也随之发生微妙的变化；

　　7~8 年级的孩子，心理上开始进入叛逆期，他们变得不再听家长的话，学习成绩有的也一落千丈；

　　7~8 年级的孩子，不仅所学的科目越来越多，而且学科的内容和深度也在逐渐加大……

　　7~8 年级的孩子，正从幼稚的童年一步一步地过渡到青涩的少年时期，但是很多孩子在生活和学习上还不能做到完全独立和自觉。为此，很多父母都有这样的体会：自己的孩子在小学时还特别乖巧听话，学习成绩也很好；然而进入初中没多久，就开始出现各种各样的问题，如学习精力不集中、早恋，有对抗情绪、破坏行为，沾染上吸烟、喝酒等不良习气，出现严重的自卑、抑郁等心理问题。

　　在这种情况下，如果家长不能尽早地意识到孩子的变化，不能主动地调整自己的教育观念，亲子之间很可能会发生一些不愉快的矛盾或冲突，甚至伤害到双方之间的感情。

　　每一个孩子都是伴随着问题成长的，而每一个孩子又是妈妈的心之所系，孩子的健康成长就是妈妈一生中最大的心愿。作为孩子的第一任老师，作为孩子的引导者，妈妈给予孩子最好的教育就是重塑自己的教养理念，引导孩子健康成长。

　　为了帮助妈妈们更好地读懂孩子、成就孩子，《7~8 年级，改变孩子一生的关键》一书在创作过程中走访了大量 7~8 年级孩子的妈妈，收集了诸多较为重要同时又容易被妈妈忽视的教育问题，并加以整理和解答。可以说，本书以大量翔实、生动的案例作为例证，为妈妈们正确教养孩子提供了科学、清晰的教育理念，以及具体的建议和应对方法。

　　在本书的创作过程中，我们始终坚持以下三条基本原则：

原则一：发现问题不是目的，解决问题才是目的

每位妈妈对自己的孩子都是非常了解的，同样也非常清楚孩子存在的缺点和问题。在本书的创作过程中，我们在对孩子表现出来的让你感到十分头疼的问题进行阐述的同时，也着力避免一味地介绍问题的成因和危害，将重点放在如何解决这些问题上，并给出切实可行的解决办法。这样，妈妈们在面对困境时才能够更加从容不迫而不至于烦恼不堪。

原则二：将家庭教育方法与儿童心理特点紧密结合

很多家长，尤其是妈妈们，一旦发现孩子的缺点或问题，总是凭自己的经验帮助孩子纠正，结果却往往使问题愈演愈烈。要知道，教育是一门科学，不能仅凭经验。孩子任何外在的缺点或问题都只是表象，真正的原因出自孩子的心理。为此，妈妈只有了解孩子的心理特点，走进孩子的内心世界，才能真正理解孩子的行为，也才能真正给予孩子正确的引导和帮助。因此，在本书的创作过程中，我们避免过多地陈述孩子的表象问题，而是结合儿童心理发展的特点深挖孩子问题背后的心理根源，找到问题症结，帮助妈妈们给予孩子恰到好处的爱。

原则三：注重素质教育，将健全人格的培养作为重点

众所周知，大多数学习成绩优秀的孩子并非天生智力超群，而是他们的人格品质有着过人之处，如乐观、坚韧、自律和有责任感等，这些不但能帮助他们应对学习上的困难，更能让他们在今后的人生道路上受益良多。在本书中，我们倡导妈妈们不仅要重视孩子的学习成绩，更要注重对孩子健全人格的培养。

最后，衷心希望本书能够给妈妈们带来新知识、新观念、新视角，也希望本书所提供的教育理念和方法可以让更多的 7~8 年级的孩子受益，陪伴孩子们健康成长！

目　录

第一部分　7~8 年级，影响孩子一生的叛逆期

第一章　7~8 年级，决定孩子一生的关键时期

7~8 年级的少男少女，正在经历人生"第二次诞生"的阵痛。在生理上，他们的身体迅速发育成熟；在心理上，他们的自我意识觉醒，容易产生情绪上的激动和动乱。这个年龄阶段的孩子似乎一夜之间长大成人，他们精力旺盛、兴趣广泛，对人生充满幻想和希望。此时的教育，关系到孩子一生的成败。

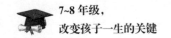

第二章　7~8 年级，探索青春期孩子内心的秘密

　　7~8 年级的孩子犹如一匹桀骜不驯的野马，非常渴望独立，可是，他们又随时有着多余的能量无处发挥，当这些过剩的能量不断地冲击着孩子的内心世界时，他们就会表现出叛逆的一面。而叛逆又是孩子从青涩迈向成熟的一个必经过程，并且在这一过程中，父母的爱心和智慧的引导尤为重要。

第二部分　7~8 年级，全面提高孩子的学习能力

第三章　学科不同，学习方法要有差异

　　进入 7~8 年级后，由于学习的深度和难度与小学相比有了很大的差别，很多孩子在学习上会感到力不从心。这时妈妈该怎样去引导孩子提高成绩呢？比如，语文、英语等科目需要平时的点滴积累；物理、化学等科目则要求深入理解、全面把握……因此，学科不同，学习方法也一定要因"科"而异。

第四章　掌握学习技能，让孩子高效学习

学习作为孩子成长中最重要的事情之一，也是让很多孩子和妈妈都头疼的一个问题。7~8年级，正是孩子学习能力的爆发期，在这个阶段妈妈要有意识地培养孩子的学习计划能力、记忆能力、专注力以及阅读能力。这些能力的培养不但可以促进孩子学习成绩的提高，而且也为孩子人生发展奠定基础。

第五章　优化学习环节，提高学习成绩

学习是一个完整的过程，由很多关键环节组成。7~8年级的孩子，在学习过程中都要经历预习、听课、做笔记、复习以及练习这些环节。只有认真对待学习中的各个环节，让每个环节都发挥其应有的作用，统筹兼顾，孩子才能提高学习的效率，巩固学习效果。

第三部分　7~8 年级，锻炼孩子卓越能力的关键期

第六章　杰出青少年的 7 个习惯

　　美国励志成功大师拿破仑·希尔说："播下一个行动，收获一种习惯；播下一种习惯，收获一种性格；播下一种性格，收获一种命运。"7~8 年级是孩子逐渐长大、走向成熟的关键时期，妈妈要抓住这个黄金时期，引导孩子养成良好的生活和学习习惯，这些习惯会令孩子终身受益！

第七章　7~8年级，孩子健全的素质比高分更重要

　　每个妈妈都希望自己的孩子今后能独立、自强、幸福，而这一切都需要妈妈耐心的培养。分数只是衡量孩子学习的一个指标，而"非智力因素"则是影响孩子未来的人生能否优秀和幸福的关键。尤其是7~8年级的孩子，良好的人生品格和生活习惯正是在这个阶段形成和确定的。妈妈一旦在这个时候放松了对孩子的教养，其结果将得不偿失。

第四部分　叛逆期，妈妈理性的爱让孩子幸福一生

第八章　关于早恋的问题——妈妈要理性引导，千万别和孩子"较劲"

　　有位作家说过，早恋是一朵带刺的玫瑰，7~8年级的孩子常常被它的芬芳所吸引。然而，他们一旦情不自禁地触摸，就难免被无情地刺伤。很多父母都为孩子过早地踏入"雷池"而苦恼，如果处理不当，早恋很有可能会影响孩子的一生。父母在对待这件事情时要讲究语言艺术，理性地引导孩子对异性的那份情感，让孩子走出早恋的泥沼。

第九章　关于性的问题——寻找与孩子交流的最佳途径

性，总是让人难以启齿，对 7~8 年级的孩子说"性"，仿佛会污染他们的心灵——这种陈旧的观念已经被越来越多的妈妈所摒弃。她们试图寻找与孩子交流"性知识"的最佳途径，渴望让孩子得到科学的性教育，这样才能减少那些让人扼腕叹息的社会悲剧。

如何让孩子正确面对自己的性冲动、性意识和性萌芽，是 7~8 年级孩子的妈妈的必修课。

第十章　关于网络的问题——做智慧妈妈，引导孩子"绿色"上网

网瘾猛如虎。然而，妈妈却不能因为惧怕孩子上瘾就因噎废食，毕竟我们生活在一个信息化的时代，让孩子具备电脑及网络常识是

时代所需。

　　妈妈能做的，就是平和地对待孩子上网的问题，教育孩子如何科学上网和从容面对网络上的各种诱惑，充分发挥网络对孩子成长的积极作用，减少其消极作用。

第一部分

7~8 年级，影响孩子
一生的叛逆期

第一章

7~8年级，决定孩子一生的关键时期

7~8年级的少男少女，正在经历人生"第二次诞生"的阵痛。在生理上，他们的身体迅速发育成熟；在心理上，他们的自我意识觉醒，容易产生情绪上的激动和动乱。这个年龄阶段的孩子似乎一夜之间长大成人，他们精力旺盛、兴趣广泛，对人生充满幻想和希望。此时的教育，关系到孩子一生的成败。

7~8年级叛逆期：孩子的"第二次诞生"

一个新生命的诞生会给一家人带来无限的喜悦，当婴儿一天天地长大，度过儿童期，成长为小小少年，也就是11岁左右时，会迎来"青春期"，又被称为"青春叛逆期"，国外也将其称为"狂躁期""困难期"等。

青春期到来之后，意味着孩子要从心理上摆脱对父母的依赖，他们易产生情绪上的激动和动乱，这种急剧而彻底的心理性"断乳"，会给他们带来突如其来的慌乱、茫然、焦虑甚至无助，这便是人生的"第二次诞生"。

　　的确，把青春期看作人生的"第二次诞生"，确实有它深刻的道理。青春期孩子的种种问题以及给父母带来的困扰并不亚于新生命诞生给母亲带来的阵痛，如果教育不得法，整个家庭都可能陷入剧痛。

　　而处于初中教育阶段的孩子都已经进入了青春期，并且这一阶段的孩子刚从小学过渡到初中，正处于学习的关键期，这一时期也是身体和心理快速成长的关键期，对孩子今后的发展至关重要。青春叛逆期的种种特征在孩子 7~8 年级时表现得最为明显，孩子能否顺利走过青春期，父母能否帮助、引导孩子解决好青春期出现的各种问题，不但关系到孩子的学习、成长，对其一生也会产生重大影响。

　　由于 7~8 年级孩子正处于青春期的早中期，无论是身体还是心理，抑或学习环境等都发生了巨大变化，因此父母，尤其是母亲，要让孩子在青春叛逆期不至于迷失，就应该从身心两方面全面了解孩子。

　　1. 青春叛逆期的身体变化

　　（1）身体外形会发生明显的变化

　　青春期是人一生中最为关键的发展阶段，也是孩子身体生长发育最快的时期。在这个时期，孩子的身高、体重、头围、胸围、肩宽、骨盆等都在迅速增长。

　　在这个时期，男生的声音会变粗变低，有的男生还长出了胡须；女生的声音则会变高变细，胸围增大，乳房开始慢慢地变得突出，皮下脂肪开始增多，盆骨和臀围开始增大。

　　（2）身体内部器官逐渐完善

　　进入青春期后，孩子身体内部的各个器官、各个系统都将迅速地发育成熟和完善。例如：孩子的骨骼将迅速地生长和成熟，这让他们看起来明显长高了、长大了；孩子的肌肉将会变得坚实有力，从而使他们的体态逐渐变得健壮或丰满；孩子大脑的内部结构逐渐变得复杂，大脑皮层的沟回组织和神经元细胞逐渐趋向成熟和完善，这就为孩子抽象思维的发展奠定

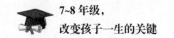

了基础。可以说，孩子体内各种机能的迅速发育和完善，为他们青春期心理的逐渐成熟提供了物质基础和可能性。

（3）性机能逐步发育成熟

进入青春期，孩子的性腺机能开始成熟和发生作用，第一、第二性征开始出现并逐步趋向成熟。第一性征主要是指生殖器官的发育特征，男性主要的生殖器官是睾丸，女性主要的生殖器官是卵巢，男生会出现遗精，女生会来月经；第二性征主要是指体态方面表现出来的一些变化，如孩子身体外形发生的一些变化。

孩子在性机能上的发育成熟，也会对他们的心理发展产生很大的影响：一方面，会刺激他们成熟意识的觉醒；另一方面，也给孩子带来了很多与异性交往和性心理卫生方面的问题。

2.青春叛逆期的心理变化

（1）心理上容易产生困惑感

随着第一、第二性征的出现，有些孩子会感到困惑与难堪，羞于和异性在一起。与此同时，他们的内心又非常渴望与异性交往，于是经常会出现焦虑、害怕、害羞和困惑等复杂的心理变化。为此，妈妈们要及时对孩子进行引导，否则很容易使孩子陷于孤独、寂寞中无法自拔，进而产生其他不良的心理问题。

（2）产生独立与依附的矛盾心理

进入青春期的孩子开始用自己的眼睛去看世界，用自己的头脑去思考世界，开始自己主宰自己的命运。同时也会对父母和老师的教导产生怀疑，不愿适应一些传统习惯，不愿事事受父母、老师的指挥。但他们又不得不依附于父母，必须与父母住在一起，受家庭环境的约束。这种独立与依附的矛盾心理，常会使青春期孩子的情绪变得不愉快、不稳定，导致亲子关系和师生关系的紧张。

（3）情感多变而不稳定

进入青春期后，孩子对理想的追求、人生的探索、知识的渴求、友情的寻觅、才干的展示等心理诉求日趋迫切，感情也日益丰富。但是受年龄、阅历、经历、财力等方面的限制，情感多变而不稳定，对人对事有时感到很美好，有时感到很糟糕，兴趣爱好虽然广泛，但也很容易见异思迁。

（4）自我认识和自我评价能力逐渐形成

进入青春期的孩子在观察和评价身边的人和事的同时，也开始认识和评价自己，会站在镜子前打量自己长得怎样，还会把自己与电影、小说中的主人翁进行对比遐想。随着自我认识和自我评价能力的初步形成，他们也开始有意识地保留自己内心世界的秘密。

（5）性意识开始萌发

随着生理上的发育，进入青春期的孩子的性意识也开始逐渐萌发，表现为渴望了解性知识、对异性产生好感、模仿性的"初恋"等。

如果说儿童期是"外界的获得时代"，那么青春叛逆期则是"内部的获得时代"。由于自我意识的发展，孩子逐渐地将注意力转向自己的内部。但在刚进入青春期时，孩子常常会因自己不能掌握这种变化而烦恼，昔日的平静心田被搅乱，内心被反抗、冷淡、蛮横、怠慢、多变等不安的情绪所包围。有时，他们不仅对外界，就是对自己也都采取了"否定"的态度。因此，心理学家汤姆利兹又把青春期称为"否定期"或"反抗期"。

不难看出，这个年龄段的孩子正处于人生最困惑迷茫的时期，他们的情绪也往往表现得强烈而多变。因此，父母要充分结合孩子自身的兴趣、性格及能力及时给予引导，帮助孩子平稳地度过青春期。

如果说自母体诞生是生命个体的成熟，那么人的"第二次诞生"就是个体心理的日趋成熟；如果说在婴儿呱呱坠地的那一刻，母亲的分娩之痛与孩子的奋力挣扎，是母亲和孩子共同走过的人生最伟大的一步，那么处于青春期的孩子和父母的"对峙"，就是摆在妈妈和孩子之间的又一重大课

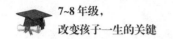

程。为此，妈妈一定要足够了解和重视孩子在青春期的生理、心理发展规律，并给予正确的引导和教育，让孩子健康快乐地成长。

7~8 年级，孩子学习能力的爆发期

在现实生活中，有的人学习能力很强，学什么都很快，而有的人却学得很慢，可能花费了很多的精力和时间效果仍然欠佳。同样，孩子在学校的学习也是如此，有的孩子在课堂上就能掌握所学习的知识，有的孩子下了很多功夫还是不行。其实，这就是学习能力的问题。

初中生小宁学习非常刻苦，班里几乎没有谁能比得过她。她经常是课堂上认真听课，课后认真完成作业，连下课短短几分钟的课间休息时间也在看书、做习题。只要看一眼她鼻梁上的那副像酒瓶底儿一样厚的眼镜，就会明白"书虫"是什么样子了。为此，大家给她取了一个"学习机器"的绰号。班主任每每训斥那些不认真学习的同学时，总会拿她当榜样："你要是有小宁十分之一的学习劲头，你就能考上北大或者清华了。"

然而，小宁的学习成绩却很一般。私下里许多同学都嘲讽她说："我要是学得像她那样昏天黑地的，早就全校第一啦！"中考后，小宁也只勉强考上了本地一所很差的师专。

通俗地讲，学习能力是一个人学习知识、认识社会、认识周围世界的能力。广义上的学习能力，包括注意力、观察力、思考力、应用力、自觉力、记忆力、想象力、创造力、阅读能力、理解能力、表达能力等。

对于学生来说，最基本的学习能力就是听、说、读、写等学习课业的

能力。如果一个孩子的学习能力很强，不但在学习中能举一反三，很快掌握所学的知识，取得不错的学习成绩，而且在未来的生活和工作中也具有很多优势。要知道，一个人的学习能力往往决定了一个人竞争力的高低。正如联合国教科文组织成人终身教育局局长保罗·朗格朗所说："未来的文盲，不再是不识字的人，而是没有学会怎样学习的人。"

学习能力与大脑的机能有关，是在运用智力、知识、技能的过程中，经过反复训练而获得的能力。7~8 年级正是孩子学习能力的爆发期，因为这个阶段是孩子的大脑、心理、生理发展的黄金时期。7~8 年级孩子的心智比以往任何时候都成熟，不但掌握知识的数量有所增加，而且思考问题的能力更强，接受新事物更快，同时也更能控制自己。不过，由于诸多方面的原因，很多孩子并没有能利用好这一时期，白白错过了提高学习能力的大好时机。

李然今年九月份刚刚成为一所重点中学的 7 年级学生。上小学的时候，李然的学习成绩一直十分优秀。他有一套自己的学习方法，一直深受各科老师的喜爱，小升初考试也发挥得很正常，进入重点中学自然也是意料之中的事。

暑假的时候，李然就暗下决心：升入初中后更要好好学习，成绩要比小学的时候还要好。

所以，一开学，李然就以极大的热情投入学习当中。妈妈见孩子这样自觉，也十分欣慰。但是，仅仅两个月的初中生活却让李然备受打击，尤其是在 10 月份的期中考试中，李然竟然排在班上的第 25 名。

回想这两个月的学习，李然觉得初中老师的讲课速度太快了，而且也不如小学老师讲课那么生动有趣。另外，现在班上的学生很多，老师几乎注意不到他。这让一直以来备受老师喜爱的

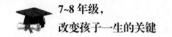

李然很是失落。

现在李然十分怀念小学老师以及小学生活，他经常将初中老师和小学老师做比较，总觉得现在的老师让自己"很不习惯""很不舒服""看不顺眼"。因此，李然开始有些责怪初中老师，认为自己现在的成绩如此不好，老师要负相当大的责任。到第三个月，他便开始拒绝和老师沟通，甚至动不动就找理由逃课。

像李然这种情况在 7~8 年级的孩子中非常普遍，小学时的好学生，升入初中后成绩却一落千丈。究其原因，主要是由于小学学习内容的深度和难度都低于初中。孩子读小学时只要认真听讲、做作业，完全可以掌握所学的知识，取得好成绩。而升入初中后，不仅学习难度变大，学习内容也随之增多，如果没有较强的学习能力，学习就会出现困难。很多孩子一旦难以接受这种落差，就很容易自暴自弃，形成恶性循环，甚至会影响到孩子的心理，引发诸多问题。

长此以往，孩子将很难适应初中阶段的学习，并影响其今后的学习兴趣和学习效果。

因此，妈妈绝不能错过这个提高孩子学习能力的最佳时期，一定要有效地帮助孩子在这个时期获得最大程度的发展。例如，妈妈可以从培养孩子的学习兴趣开始。兴趣是最好的老师，有学习兴趣的孩子认为学习是一件有趣的事情，并且愿意自觉地学习和钻研。为了提升孩子的学习能力，培养孩子良好的学习习惯也同样重要。事实证明，但凡优秀的孩子大多有一个共同特点，那就是喜欢看书。阅读不仅可以促进孩子语文的学习，而且可以促进孩子整体素质的提升。可以说，如果一个孩子具有良好的阅读习惯，将对其未来的成长非常有益。另外，为了提高孩子的学习能力，性格塑造也不能忽视。为此，父母要努力营造一个民主、和谐、温馨的家庭环境，这对孩子的性格养成非常有帮助。

7~8 年级，新习惯养成的关键期

著名教育家叶圣陶曾说过："什么是教育？简单一句话，就是养成良好的习惯。"叶圣陶认为，教育的目的就是培养习惯。他说："我们在学校里受教育，目的在于养成习惯、增强能力。我们离开了学校，仍然要从多方面受教育，并且要自我教育，其目的还是养成习惯、增强能力。习惯越自然越好，能力越增强越好。"

从心理机制上看，人一旦养成一种习惯，这种习惯就会变成他的一种需要，不需要别人的督促、提醒，不需要自己的意志力去强化，人就自然会依习惯而行动。这也就是我们平常说的"习惯成自然"。如果孩子能养成各种好习惯，将会对其一生产生深远的影响。

一般来说，孩子在生活、学习等各方面的习惯在小学时期基本上都已经形成并稳固下来。但是随着孩子进入青春期，生活和学习环境发生了重大变化，一些与这个阶段生理以及心理相关的习惯开始形成，而这些习惯最终又会影响青少年身心的健康发展。因此，在 7~8 年级的时候，妈妈应该格外注意孩子一些新习惯的养成。

1. 饮食方面的新习惯

青春期是人体发育的重要时期，也是一生中的关键时期。这个阶段的孩子很容易养成一些不良的生活习惯，尤其是在饮食方面。这个年龄段的男孩大多喜爱运动，崇尚力量与健壮，于是经常会摄入大量高热量的食物来满足身体的需要，同时随着学习压力的增大，能量消耗也非常大，他们又会无形中摄入过多不合理的食物，这些饮食习惯很可能会影响男孩子身体的健康发育。而这个年龄段的女孩，开始关注自己的体形，甚至会为了保持苗条的身材而节食或者摄取热量低的食物，这就极易形成不正确的饮食习惯，严重影响青少年的身体发育，甚至可能造成一生的遗憾。

因此，在 7~8 年级的时候，妈妈一定要密切关注孩子的饮食习惯。在饮食上应增加豆类食品和动物性食品，保证孩子每日摄入足够的蛋白质；多吃绿叶蔬菜，以增加胡萝卜素，但不要暴饮暴食。少女切勿因减肥而过分节食。这样只会影响身体的正常发育，甚至还有可能引发其他疾病。

另外，吸烟和过量饮酒会对人体产生毒害作用，对青春期的少年危害则更大，甚至可能造成终身疾患。香烟和酒对这个阶段的孩子有着巨大的吸引力，妈妈应该予以格外关注，坚决不能让孩子染上吸烟喝酒的恶习。

2. 生理方面的新习惯

在生理方面，培养孩子良好的卫生习惯，是青春期教育的第一条。女孩子进入青春期以后就要来月经。月经期间，身体会有一系列的变化，抗病能力也会降低，因此，一定要注意全身的保健和局部的清洁。男孩子进入青春期后，在梦中有时会出现精液从尿道流出的现象，这叫作遗精。一般几个星期或更长的时间出现一次，这都是正常的生理现象，不必恐慌。但是如果频繁地遗精，对身体健康就会极为不利。

3. 心理方面的新习惯

妈妈除了要注意孩子的饮食、卫生习惯，还应该注意青春期的孩子由于心理问题而带来的一些习惯。我们都知道，进入青春期的孩子面对生理上的一些变化时，不免产生好奇心并不断地探索，这很可能导致孩子在心理上产生一系列问题，同时养成一些不良习惯，给孩子带来极大的困扰，严重时甚至还会伤害自己的身体。因此，在孩子进入青春期时，妈妈要担负起向孩子讲述正确的青春期知识、灌输正确的思想价值观、疏导孩子心理问题的责任，以帮助孩子改正这些青春期的恶习。

4. 学习方面的新习惯

值得注意的是，这个年龄段的孩子不仅在生理方面容易形成一些坏习惯，在学习方面也是如此。7~8 年级，不仅是培养学习能力的关键期，也是一个学生养成良好的行为习惯和学习品质的重要时期。一个孩子在学习态度、思想品德、纪律观念、行为习惯、身体素质等方面能否朝好的方向发展，直接影响他在整个中学阶段能否健康成长。比如，这个阶段的孩子对于新生事物都比较好奇，很容易受到外界不良风气的影响，养成不良的习惯，诸如痴迷于玩游戏机、赌钱、读不健康的课外书籍等。

此外，对于这个阶段的孩子来说，随着自我意识的增强，他们更注重享受的权利，而忽视应该承担的责任，这样就极易产生好吃懒做、不劳而获的思想。很多妈妈都有这样的感觉：孩子在小学的时候还会积极帮助自己做些家务，但是到了初中，让孩子做一些家务可以说比登天还要难。事实上，孩子在生活中所表现出的这些消极状态，如懒散、爱拖延等，既不利于孩子生活自理能力的提高，也会成为亲子间爆发战争的导火索。

习惯改变命运，养成好习惯非常重要。为此，妈妈要敏锐地发现孩子在生活、学习中的变化，帮助孩子杜绝易在青春期养成的有关恶习。妈妈如果不注重培养孩子养成良好的习惯，无疑是在葬送孩子美好的未来。

7~8 年级，意志品质定型的关键期

古往今来，但凡能够成就大事的人，除了在某方面具有一定的天赋和才华之外，也肯定有着超于常人的坚韧不拔的意志品质。可以说，坚强的意志品质对一个人的成功成才有着非常重要的影响。

意志品质应该从小培养，但是优秀意志品质定型的关键时期却是在初中时期，也就是 7~8 年级这个阶段。然而，实际情况却不容乐观，不少7~8 年级的学生普遍存在怯懦、自卑、自以为是、孤独等问题，甚至会出现离家出走、轻生等现象，类似报道也时常见诸报端。这些现象实际上反映了一个问题——当今中学生的意志品质可以说是极其脆弱的。再加上这个年龄段的孩子正处于青春期，面对的诱惑很多，面临的挑战也很多，而他们的心智又不够成熟，不能很好地辨别这些诱惑，不能很好地迎接挑战，

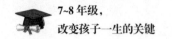

因此经常会产生错误的想法，做出错误的决定。

那么，又是什么原因导致这些孩子的意志品质如此脆弱呢？

1. 孩子对父母过度依赖

有些 7~8 年级的孩子在遇到突发状况或是有点难度的事情时，经常会表现出手足无措、缺乏主见，甚至承受不住打击的状况。之所以会出现这种情况，主要是因为这些孩子过于依赖自己的父母，而父母的代劳又是导致孩子依赖的源头。

有些家长对孩子的学习生活可以说是给予了无微不至的关照，即使孩子提出干点儿家务，他们也会坚决反对。然而，家长对孩子过度的保护和溺爱，只会让他们越来越缺乏生活能力，缺乏独立思考、独立解决问题的能力。

另外，这种依赖性也会表现在学习上，这些孩子格外依赖老师、依赖学校，学习上缺乏主动性，抽象思维能力也不强，不善于"举一反三"地思考和解决问题。

2. 情绪容易冲动、失控

7~8 年级的中学生正处于性格的转折时期，情绪波动较大，自制与自控能力较弱，容易在言行上表现出不可约束性和冲动性。例如，不易接受他人的劝导，意气用事，公然与老师对抗、顶撞，对同学施暴，受点儿委屈就自残，容易受不良诱因的干扰而做出违反纪律和有碍社会秩序的行为，这些都是学生冲动性行为的表现。

总之，意志品质对孩子的生活和学习有着深远的影响。不可否认，没有哪个孩子的人生是一帆风顺的。那么，在面对困难的时候，是坚持到底、持之以恒，还是退缩不前、半途而废呢？这就需要发挥意志品质的作用。

人的诸多意志品质大致可以分为四种：自觉性、坚韧性、自制性、独立性。到了初中阶段，意志品质的发展速度较快且比较稳定，但又略有不同，其中自觉性、坚韧性和自制性意志品质随着年龄的增长发展速度较快，而独立性意志品质的发展则比较缓慢。

所以，在 7~8 年级这个时期，妈妈要有意识地对孩子的独立性意志品质进行锻炼。凡是孩子自己能够做好的事情，或是应该他自己做的事情，妈妈都要学会放手，让孩子自己去做，哪怕做错或做得不好也没关系，宁愿让孩子在错中吸取经验教训，也不要过多地干预和代劳。只有这样，才能让孩子意识到哪些事情是需要他有所承担、自己负责的。

总之，孩子在 7~8 年级形成的良好的意志品质不仅有利于孩子的学习活动，也将有益于孩子的一生。培养孩子的独立性，减少孩子的依赖性，让孩子形成优秀的意志品质，不仅是孩子未来成长不可缺少的素养，也是孩子走向成功的保证。

7~8 年级，青春期难题集中爆发的高危期

孩子到了 7~8 年级，妈妈们常常是如临大敌，紧张万分。这是因为 7~8 年级是孩子青春期最重要的两年，在这一阶段，青春期的许多问题往往集中爆发。而提起这一阶段孩子的变化，妈妈们更是有说不完的话：

> 我女儿开始写日记了，好像对班上的某个男生有了好感；
>
> 我儿子今天又和别人打架了，这已经是这个学期的第三次了；
>
> 孩子不想上学，竟然跟我提出要退学；
>
> 我女儿在小学时成绩一直很好，可是到了初中成绩却一路下滑，难道真的是女孩就比男孩笨吗？
>
> ……

7~8 年级正处于青春期的初期，同时也是青春期问题集中爆发的高危期。那么，为什么会出现这种情况呢？这是因为这一年龄段的孩子正处在从儿童期步入青春期的阶段，而且伴随着身体上的一些变化，心理上也发生着巨大的变化。受这些变化的影响，孩子感觉自己已经是大人了，可以做一些以前所不能做的事情，渴望像大人一样为人处世，但由于年龄尚小，阅历、经验与能力欠缺，因而往往问题百出。

同时，这个年龄段孩子的好奇心比以往任何时候都要强，但却没有足够的知识和经验指导自己，也没有足够的意志力约束自己，因此他们犯错误的概率也比较大，出现的问题也比较多。而此时妈妈如果不转变思路，还是像对待小孩子那样看待已渐渐长大的孩子，不但对解决孩子的问题丝毫没有帮助，甚至会弄巧成拙，导致更坏的结果。

7 年级是小学升入初中的衔接期，孩子面对新的环境、新的学习内容以及新的老师，心里不可避免地会产生一些排斥情绪。很多妈妈就发现，孩子在刚开学的时候，对学习可以说是充满了热情，就算是之前学习成绩不好的孩子也一心想要在初中有一个新的开始。但是刚过一个月，妈妈就听到孩子的各种抱怨，抱怨老师的讲课方式，抱怨教材太难，抱怨学校生活的无聊，抱怨同学不好相处，再加上青春期的影响，孩子开始表现出情绪低落、易怒以及厌学等问题。这就是我们常说的"初中新生综合征"。

大多数孩子刚升入 7 年级时，或多或少都存在着一些"初中新生综合征"，如果妈妈没有及时有效地引导孩子，帮助孩子排解不良情绪，这些状况将会越来越严重，甚至孩子在整个初中阶段的学习都会受到影响，同时还可能引发青春期的其他问题。

所以，对于 7 年级的孩子，妈妈的首要任务就是避免孩子患上"初中新生综合征"。为此，妈妈要提前告诉孩子升入初中对于他们来说意味着什么，妈妈要多阅读相关的书籍，多给孩子比较初中和小学的不同，让孩子了解初中生活，让孩子对即将面对的问题有所准备，并想好方法去应对这些问题。如果能够带孩子向一些高年级的大哥哥大姐姐取取经，就最好不过了。

　　有一位妈妈，自从孩子出生以后就非常重视家庭教育，可以说，她一路陪伴孩子成长，一路与孩子共同学习。转眼间，孩子即将成为一名初中生。她为了帮助孩子平稳升入初中，就时常跟孩子聊一些与初中学习有关的话题。比如初中更看重学生的自主学习能力，课程更加丰富有趣。在她看来，虽然孩子升入初中后，学习生活会与小学阶段的情况有很大的差别，但是提早帮孩子摆正心态，才是顺利衔接的第一关。

　　一个傍晚，她一边浇花，一边跟孩子聊起天来。

　　"我那天去你李阿姨家做客，东东姐正好该上高一了，我就问她读中学时是怎么学的。她跟我说，如果能够结合自己的情况合理分配时间，就能取得事半功倍的效果。比如，掌握得不是很好的科目，就多下功夫，反之，则少花点儿时间。她还说，初中最重要的是要自学，提前预习、课后复习，等等。不能像小学那样，什么都等着老师。后来，时间不早了，我就没有问太多，等过两天你可以自己去问问东东姐。"妈妈轻松地说。

　　"好的，我明天就去找东东姐玩儿，好好问问她。对了，我还可以问小民哥，他现在已经升初三了。"孩子认真地说。

　　对于已经出现"初中新生综合征"的孩子，妈妈首先应该帮助孩子建立起自信。一个孩子将来能否成功与其自信心的大小密切相关，而7年级正是培养孩子自信心的关键时期。因为在新的环境中，面对新的老师和同学，以及全新的课程，孩子很容易就会产生强烈的进步愿望。为此，妈妈要做的就是不断地强化孩子的这种心理，对孩子的热情加以肯定，积极联系班主任，特别是对于原来比较淘气的孩子更应如此，学习环境的转变往往是他们积极向上的一个契机。总之，妈妈的细心以及积极行动会帮助孩子重建信心，树立新的自我形象。很多孩子在小学时成绩很一般，但是一进入中学就跟换了一个人似的，进步非常大。这正是因为抓住了初中新环境变化的契机，有效地调整好自己，采用了合适的学习方法。

　　有一个男孩从小脾气就很大，6年级时，更是经常和老师、同学发生冲突。妈妈发现儿子在与老师发生冲突后，虽然内心也很后悔，可是因为倔强的脾气，就是不肯认错。受此影响，他的学习成绩也不是很好。

　　为了让儿子在中学有一个好的开始，也为了防止儿子在青春期出现更严重的问题，妈妈在男孩升入7年级前的那个暑假，带儿子出去旅游了一次，和孩子有了一段亲密交流的时间。

　　妈妈用鲜活生动的实例告诉儿子：新生活的起步可以使你变成一个全新的人，因为任何人对你都没有成见，全靠你自己怎么重新开始。正是这次谈话引发的心理效应，帮助男孩顺利地度过了小升初的适应期，成为初中老师喜欢的学生。三年后他还顺利考上了理想的高中。

　　无疑，案例中这位妈妈的方法是非常有效的，应对"初中生新生综合征"，最有效的方法就是让孩子学会交流，学会和父母交流，学会和老师交流，学会和同学交流，还要学会和周围的人交流，这样才能从别人那里获得帮助，尽快解决问题。

　　如果说7年级孩子的主要问题是由于"不适应"而引起的，那么8年级就是"适应过度"而形成的硝烟弥漫的"战场"。在这一年，亲子之间的矛盾和纠纷不断升级。可以说8年级是初中三年最为危险的一个时期。8年级正是孩子进入青春期后，种种问题开始凸显的时期。另外，8年级也是孩子们之间极易发生两极分化的一个阶段，尤其是在成绩、能力以及品行等方面。如果家长进行积极引导，孩子自己也积极配合，那么孩子在这个年级将取得极大的进步，不仅在学习上获得极大的提高，在生活上也会变得更加懂事；反之，孩子的成绩就可能下滑，出现对抗情绪，染上一些恶习，产生各种心理问题，甚至还会形成错误的人生观和价值观。我们经常会看到，很多孩子在8年级时学会了抽烟，为"哥们儿义气"打架，形成网瘾，有小偷小摸的毛病，甚至走上犯罪的道路，这些问题都应该引起家长足够的重视。

面对8年级的孩子，妈妈始终要坚信一点：世界上没有天生的坏孩子，只有被标签化的"坏孩子"。很多8年级的孩子，无论他们的表现多么糟糕，其实每个孩子在其内心深处都强烈地渴望上进。比如，有的学习成绩不好的孩子会对学习成绩好的学生表示厌恶，但其内心却又非常渴望成为好学生中的一员。

8年级的孩子不仅有着强烈的叛逆心理，而且还具有很强的自我意识，尤其是当他们在平时的学习或生活中遇到难以解决的问题时，就会表现出某些"反常行为"或者"坏行为"。在这种时候，他们最需要大人的理解和接纳。因此，妈妈在引导孩子的时候一定要注意方式方法。例如，妈妈不要随便否定孩子的想法，而应该用一些婉转、积极的话鼓励孩子表达自己的想法；不要过分唠叨，而应尽量简洁地与孩子沟通交流；不要轻易给孩子定性，而是应该积极地鼓励孩子。

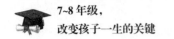
叛逆期的情商发育，决定孩子一生的成败

情商（EQ）又称情绪智力，主要是指人在情绪、情感、意志、耐受挫折等方面的品质。以往认为，一个人能否在一生中取得成就，智力水平是第一重要的，即智商越高，取得成就的可能性就越大。现在心理学家普遍认为，情商水平的高低对一个人能否取得成功的影响似乎更为关键，甚至有人提出"成功 =80% 的 EQ（情商）+20% 的 IQ（智商）"。

美国《纽约时报》专栏作家戈尔曼在《情感智商》中指出，情商不同于智商，它不是天生注定的，而是由 5 种能力组成的：

（1）了解自己情绪的能力。能立刻察觉到自己的情绪变化，并且了解情绪产生的原因。

（2）控制自己情绪的能力。能安抚自己，摆脱强烈的焦虑、忧郁等负面情绪，同时还能很好地控制刺激情绪的根源。

（3）激励自己情绪的能力。能够调整情绪，让自己朝着一定的目标努力，增强注意力和创造力。

（4）了解别人情绪的能力。理解别人的感受，察觉别人的真正需要，具有同情心。

（5）维系融洽人际关系的能力。能够理解并适应别人的情绪。

可以说，情商通过影响人的兴趣、意志、毅力，加强或弱化认识事物的驱动力，从而让智商发挥出更大的效应。情商是影响个人健康、情感、人生成功及人际关系的重要因素。心理学家通过对哈佛大学毕业的精英人士所做的研究发现，影响和决定一个人职业发展与前途的关键因素往往是情商素质的高低。

同时，心理学家通过研究认为，一个人是否具有较高的情商，还和青少年时期所接受的教育和培养有着密切的关系。这是因为，情商教育可以让孩子更好地认识自己的情绪，逐渐明白感受与行为的差距，即便是和别人发生矛盾，也能克制自己的冲动；情商教育有助于缓解孩子在生活和学习上的压力，减少自卑感、焦虑感及孤独感；情商教育能帮助孩子更好地解决人际关系中的纷争，学会协商和解决矛盾，懂得合作和分享，在人际交往中表现得更合群、更关心人。

另外，7~8 年级的孩子大多为独生子女，缺乏团队精神，缺乏全局意识，在团队中不善于同他人展开合作，而且这一阶段的孩子的心理发展尚未完全成熟、心态浮躁、情绪起伏比较大、自我控制能力较差，遇到困难、挫折就怨天尤人、牢骚满腹、悲观失望，甚至是轻生。因此，孩子在 7~8 年级的时候，正是培养其情商的重要时期。

在青少年的情商养成中，父母扮演了非常重要的角色。通常来说，高情商的父母总能培养出具有高情商的孩子。遗憾的是，很多父母往往只注重孩子的学习成绩和身体发育，对孩子的情商教育却不够重视，甚至完全忽略，这是非常错误的。

情商的发育将决定孩子一生的成败。那么，妈妈应该怎样对 7~8 年级的孩子进行情商教育呢？

方法一：提高孩子认识自身情绪的能力

妈妈要引导孩子准确地感知、理解自己的喜怒哀乐等各种情绪。比如，让孩子体验被成年人认可的喜悦，体验得不到一样东西时的失落情绪，体验被别人拒绝的沮丧，甚至让孩子体验被他人误解以及被欺负的痛苦，体验行走在黑夜的紧张，体验被人嘲弄时的郁闷，等等。

尽早让孩子体验并丰富这些情绪，能够让他们承受更多的挫折和打击，然后妈妈再给予正确的引导和帮助，孩子慢慢就会形成乐观、自信的生活态度。

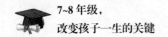
方法二：提高孩子管理情绪的能力

管理情绪包括两个方面的内容：一是能够充分地表达自己的情绪，不压制情绪；二是会克制自己的情绪，能够把握表达情绪的分寸。由此可见，提高孩子管理情绪的能力，就是提高孩子的情商。

以愤怒这种青春期最常见的情绪为例，很多妈妈不允许孩子辩解、不允许孩子哭泣，甚至不允许孩子表达不满。长久下去，孩子要么变得逆来顺受，心理压抑郁闷；要么当面唯唯诺诺，背后却以搞破坏、对着干的极端方式发泄心里的愤怒情绪，这些都不利于孩子情商的培养及身心健康。

恰当的做法是：妈妈要引导孩子将自己的负面情绪发泄出来，允许孩子辩解，当孩子受到委屈、批评时，应该允许他表达自己的不满，而不是一味地压制孩子的负面情绪。

总之，培养孩子的情商，不是希望孩子没有任何的负面情绪，而是希望孩子能够自己恰当地表达负面情绪。

第二章

7~8 年级，探索青春期孩子内心的秘密

7~8 年级的孩子犹如一匹桀骜不驯的野马，非常渴望独立，可是，他们又随时有着多余的能量无处发挥，当这些过剩的能量不断地冲击着孩子的内心世界时，他们就会表现出叛逆的一面。而叛逆又是孩子从青涩迈向成熟的一个必经过程，并且在这一过程中，父母的爱心和智慧的引导尤为重要。

为什么孩子的心离父母越来越远

赫冉的妈妈最近有些郁闷，她发现孩子虽然在一天天长大，可却越来越沉默了，不爱跟父母说话，放学回家就把房间的门关上，连吃饭都是父母叫才出来，饭桌上也没几句话。妈妈想问问赫冉在学校怎么样、功课怎么样或者跟同学相处得怎么样，他都是爱搭不理地随便应付两句。问多了，他便不耐烦地给个白眼，不客气地说："你怎么那么多事啊？我在学校里还能干吗，不就

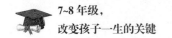
是天天上课、考试吗？你问那么多能替我考试啊？"

妈妈有些生气，刚上初一的孩子怎么就变成这样了呢？以前那个可爱的、什么话都和妈妈说的孩子哪儿去了呢？记得赫冉小时候，总是缠着妈妈问这问那，家里到处是他清脆的童音。即使他上小学以后，也很听话，问什么说什么。现在眼看着他个子越长越高，心却离父母越来越远了。

妈妈们在一起聊天时发现，不但是赫冉变了，同龄的孩子基本上都出现过类似的情况。芳芳的妈妈说："最近一段时间，我发现芳芳有些异样，放学回到家就钻进自己的房间，也不向我报告学校的情况了。从房间出来，有时一脸微笑，有时又眉头紧锁。问她是不是有什么不愉快的事，她只是摇摇头不说话，还一副忧郁深沉的样子。有时我在她房间门口偷偷听她在干什么，竟然都是在打电话。唉，这孩子也不知怎么了，好像变了个样。"

随着孩子一天天地长大，尤其是到了7~8年级，很多父母发现孩子与自己的关系似乎越来越疏远，和自己说不到两句话就开始顶嘴，难道父母和孩子之间真的没有共同语言吗？其实，孩子的这些表现，都是青春期的典型特征。他们的心理随着身体的变化也一天天在变化。

首先，从身体变化来看，孩子在11岁左右的时候，大脑中的下丘脑开始分泌促性腺激素。促性腺激素能使男孩的睾丸大量分泌雄性激素，使女孩的卵巢大量分泌雌性激素。在性激素的作用下，男孩和女孩的身体和生理都进入快速发育期，男孩出现遗精、女孩出现月经，而这一生理现象不仅让孩子对自己的身体产生了好奇和疑问，也给孩子的心理带来很大的震动和不安。一方面他们羞于和异性在一起，另一方面又渴望与异性交往。

其次，从心理变化来看，青春期的孩子开始用自己的眼睛去看世界，用自己的头脑去思考世界，并且青春期的孩子在观察和评价身边的人和事的同时，也开始认识和评价自己。比如，他们会站在镜子前打量自己长得怎么样，还会把自己与电影、小说中的主人翁进行对比、想象。随着自我认识和自我评价能力的初步发展，他们也开始有意识地保留自己内心世界的秘密。他们对父母和老师的教导开始产生怀疑，不愿事事受父母、老师的指挥。但在经济上，他们仍需要依靠父母，必须与父母住在一起，受家庭的约束。这种独立与依附的矛盾心理，常会使青春期的孩子情绪不稳定，造成亲子关系和师生关系的紧张。

在这些成长变化中，孩子在生理上的发育又超前于心理上的发育，导致心理上出现不平衡。所以，有一些青春期的孩子常常表现得烦躁不安，不想听父母唠叨。有人把这一时期叫作"第二断乳期"，相当于孩子在 2 岁左右，生理上和母亲的断乳，而这次断乳是心理上和父母之间的断乳。

7~8 年级的孩子往往会有一些叛逆的表现，甚至故意做出一些过分的行为与父母对着干，导致亲子关系越来越疏远。其实，在与青春期的孩子相处的过程中，如果妈妈能够做到下面几点，就能更好地读懂孩子，更好地与孩子相处。

1. 倾听孩子的话

面对孩子的叛逆行为，如果妈妈一味地对其指责，甚至是压制孩子的想法，只会让孩子在心里积压过多的负能量，或是做出一些更加叛逆的行为。其实，作为妈妈，应该学会认真地倾听孩子所说的话，观察孩子的行为，了解孩子的生活，然后在此基础上试着分析孩子疏远自己的原因。

2. 尊重孩子的选择

7~8 年级的孩子本身就伴随着生理上的成熟、思维能力的提高，有自己的想法，也渴望自己的选择得到大人的支持和鼓励，如果妈妈不能如孩子所愿的时候，他们的行为就会表现得非常偏激，与父母的关系也会越来越疏远。作为妈妈，应该懂得尊重孩子的选择，用肯定来代替否定，这样亲子关系才会越来越融洽。

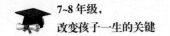
3. 保持适当的距离

这一时期的孩子大多都有自己的小秘密，他们不会再像儿时那样把自己所有的心事告诉大人。这个时候，妈妈也不要强求，而是要懂得尊重孩子的意愿，与孩子相处的过程中，适当保持一定的距离，给他们足够的空间，不做偷听、偷看这种事情，在这样的相处之道下，孩子才能更好地成长与发展。

4. 学会与孩子沟通

这个阶段的孩子往往有着自己独特的想法，对待事情也有自己的主见和判断。妈妈在与孩子相处的过程中，要认识到沟通的重要性，多与孩子谈心，而不是一味地用打骂的方式让孩子屈服自己的想法，这样只会让亲子关系变得更加疏远。

总之，与这一阶段的孩子相处，重要的并不是改变孩子，而是改变家长自己。作为妈妈，要理解这一阶段孩子在心理和生理上的不平衡，宽容地对待他们的烦躁、叛逆和反抗。同时，还要和孩子多交心，平等地跟他们对话，而不是摆出高高在上的家长姿态，认为自己所做的一切都是对的。只有妈妈试着以朋友、知己的身份与孩子真诚相处，才能建立起和谐、亲密的亲子关系。

"狂飙期"，孩子到底想要什么

这个问题总是让家长们捉摸不透，甚至有不同程度的惶恐。现在的孩子，可以说是整个家庭的核心，许多家长对孩子的要求也是"唯命是从"。吃的、穿的、用的、玩的，父母都会尽自己最大的努力满足孩子。父母以为这样，孩子就会满足，就会幸福。

可是，随着孩子慢慢长大，父母却无奈地发现，孩子并没有按照自己预期的方向发展。虽然他们对孩子百依百顺，孩子仍有诸多不满意。有的父母还因为对孩子过分呵护，反而惹得孩子对自己产生反感。

> 　　有一个家庭，男孩 8 岁的时候，爸爸在一场车祸中失去了生命。妈妈靠经营一个小超市苦苦支撑着这个家。为了儿子，妈妈没有选择再婚，就这样母子俩相依为命。
>
> 　　生活中，妈妈总觉得儿子没有爸爸很可怜，因此，儿子有什么要求，她都会尽量满足。妈妈心想：这样可以补偿一下缺失父爱的儿子。在这种迁就与溺爱中，男孩慢慢长大，并以优秀的成绩升入初中。
>
> 　　儿子升入初中后，妈妈继续尽力满足儿子的要求，儿子要什么就给什么。很快，儿子就变得为所欲为了，他甚至逃学旷课，去网吧玩游戏。
>
> 　　为了不让儿子去网吧，妈妈给儿子买了一台电脑。可是儿子在家依然没有节制地玩网络游戏，而且越来越不听妈妈的话，每当妈妈教育他时，他还对妈妈大吼大叫，甚至摔东西。这让妈妈伤透了心。

　　苏联教育家马卡连柯曾说过："人们常说，我是母亲，我是父亲，一切都让给孩子，为他牺牲一切，甚至牺牲自己的幸福，这恐怕是父母送给孩子的最可怕的礼物了。这种可怕的礼物可以这样来比方：如果你想毒死你的孩子，你就给他吃一剂足量的你个人的幸福，这样他就可以被毒死。"这段话一针见血地指出"惯子如杀子"的道理。这可真让父母们无法明白其中的原委。不满足孩子的要求，孩子会不高兴；满足孩子的要求，他也不高兴。现在的孩子，到底想要什么？

　　下面我们就来帮父母解开这个谜团，看看青春期的孩子真正想要的是

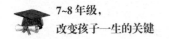

什么。

1. 正确和适当的物质需求

如果一个女孩子初一时拒绝穿裙子，一两年后，她又坚决要买很多条裙子，做父母的大可不必奇怪，这其实是孩子正在走向成熟，往往是在这种转变之下，孩子在家长面前会表现得越来越不听话了。比如，男孩突然想要一双名牌鞋，女孩的书包上突然挂满了明星图片，孩子回家经常对家长说某某同学有了新的手机……甚至还有男孩学会了吸烟、喝酒，女孩学会了化妆、染发，开始要求有物质上的支配权。

其实，孩子只是想通过这些仪式，向成年人看齐，在小群体里标榜自己、显示自己，而大人们却感觉他们这是在逞强甚至变坏。那么，家长们到底应该如何对待孩子的行为和要求才恰当呢？

相比较，我们的建议是：既不能让孩子的物质需求膨胀，也不能过于苛刻地要求孩子。那么，具体该怎么做呢？

首先，要判断孩子的需求是否正常。一般可以从两个方面来看：一是与同班同学消费的平均水平或者中下等水平相比较；二是要看家里的经济状况。如果经济状况中等或比较好，应该让孩子的生活水平稳定一些；如果经济状况不太好，那么建议你千万不要采取让孩子去享受高消费这种"死要面子活受罪"的做法，因为这样不但不能让孩子自信起来，而且容易使孩子忽视家庭的经济能力而变本加厉。

其次，需要提醒父母的是，无论是拒绝还是接受孩子的要求，都要给孩子一个合理的说法。比如，告诉孩子，妈妈给你买这些是因为什么，不给你买又是因为什么。让孩子明白你之所以这么做的理由，才能更好地和孩子交流。

2. 对朋友的交往需求

父母要明白：青春期之前，孩子都比较依赖父母；一旦进入青春期，他们就开始将注意力"转移"到朋友身上；成年后，固定在异性身上；成家立业后，进入一个新的循环。这是一个人成长的必经之路，父母应该摆正心态，予以理解。

所以，这时候的孩子开始交朋友，和同学一起逛街、去网吧，和同学结伴运动或结伙打架，甚至很晚回家也丝毫不在乎家长的脸色，即使招来打骂也依然如此。那么，是什么因素让孩子们冒险而为之呢？其实这就是孩子对朋友迫切的需求而导致的结果。

青春期的孩子视野变宽了，再也不满足于家庭、学校两点一线的生活方式，他们会追求更新鲜的生活体验，因此也会出现在自己从来没有去过的地方，会遇到从来没有遇到的问题。这时，朋友就是他们最直接的帮助者，可以取代家长的支持和帮助。

所以，家长应给予理解，支持孩子交友，但是也要提出一些具体而简单的交友原则。比如，带你做坏事的人不能做朋友，很自私的人不能做朋友，并告诉孩子理由，说服孩子，让孩子形成正确的交友观。

那么，父母又该如何了解孩子所交的朋友呢？

举个常见的例子。现在的孩子过生日时都喜欢聚会。这时，家长可以为他们开启方便之门，做一桌饭菜，买好适量的饮料，让孩子自己邀请好伙伴到家里来。这样一来，聚会的时间可以控制，孩子的好伙伴都有谁也能一目了然，何乐而不为呢？

另外，孩子们往往认为友谊是永恒牢固的，这时父母要告诉孩子不一定是这样，朋友之间的关系时常会发生变化，朋友之间也有可能会因各种矛盾发生冲突与摩擦，对此要有心理准备。总之，父母首先要成为孩子需要的朋友，然后再去指导孩子交友。

3. 对异性关注的需求

进入青春期的孩子开始悄悄地关注异性。比如，女孩会关注帅气高大的男孩，男孩也会注意漂亮的女孩，男孩偶尔也会在一起用调侃的方式谈论某些女孩。其实，这只是孩子们走出家庭圈子、步入社会认识异性的最

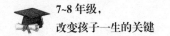

初阶段。

随着时间的推移，孩子们越来越明白自己喜欢什么样的异性，并希望去接近他（她）。最开始他们会喜欢和异性打打闹闹，进行以班级活动为主题的交流，很多孩子通过这样简单的交流，以达到对异性的了解。大多数的孩子知道这不是什么爱情，只是同学之间的交往。他们认为自己憧憬的美好爱情还没有来临，所以，更多人选择了等待，等待自己长大。

4. 获得帮助的需求

孩子进入青春期后，需要他们独立处理问题的时候越来越多，遇到的事情也越来越复杂。年少无知的他们，面对未知的世界，充满疑问和恐慌，希望自己身边有保镖，有"百事通"，有"机器猫"……

但是，这一切都没有，遇到问题的时候孩子应该怎么办？比如，和最好的朋友闹矛盾后，该怎样来面对和处理？如何提高学习成绩呢？什么是人生观？什么是幸福？我要的幸福在哪里？……孩子们有很多的困惑，希望有人帮助他们答疑解惑。他们仍然需要父母的帮助。

青春期的孩子需要的帮助是方方面面的，从物质上的满足到精神上的引领，他们都需要。这样，孩子们才能逐步摆脱幼稚，真正走出充满幻想、无拘束、无责任、无忧虑、超现实的少年时期，稳步过渡到青年时期。

解读"小刺猬"的叛逆心理

一位母亲很无奈地讲述她的女儿："我女儿今年14岁，小时候是个特别聪明、特别乖巧的孩子，可是自从上了7年级，好像变了个人似的。什么事都自作主张，也不听我们的劝告，只要我们说她几句她就不高兴，还不断提醒我们她已经是大人了，不用我们操心。

"有时，她为了气我们，还故意跟我们唱反调。比如，要她穿的衣服她偏不穿，不要她穿的衣服她偏穿；问她考试成绩如何，她明明考得还可以，却故意说自己不及格……

"最近我跟她爸爸对她都比较担心，忙中抽闲想跟女儿聊聊，可我们还没说几句，她就紧皱着眉头冷冰冰地说了一句：'没看见我正忙啊？不要耽误我学习！'挥挥手照旧忙自己的去了，头都没抬一下，好像她不是在跟爸妈说话，而是在轰两只苍蝇。气得我当场哭了，她爸爸也是脸红气粗，要不是我拦着，她非挨一个嘴巴不可。唉，这哪是个孩子啊，分明就是一只刺猬……"

7年级的孩子虽然刚刚小学毕业，但是孩子的心理状态跟小学阶段已经完全不一样了。在这个阶段，孩子的心理可以说是发生了"脱胎换骨"的变化：自我意识开始清晰，独立意识增强，处处想显示出自己的"成熟"，不希望父母再像小时候那样对自己耳提面命，更希望自己能与父母平等对话。

对于这个年龄段孩子所表现出的种种特征，苏联心理学家、教育家彼得罗夫斯基称为"由听话的道德向平等的道德的过渡"。他们经常会跟父母对着干，甚至对父母善意的帮助和合理的要求也不买账。他们虽然表面上不"刺"眼、不"扎"人，但仔细观察就会发现很多时候他们完全是阳奉阴违、口是心非，其实他们之所以这么做，只是为了表达对大人的抵触和不满，想要引起大人的注意。如果父母不能认识到这一点，可能会引起孩子的反感，强化他们的负面情绪。

东东今年12岁，学习成绩很不错，与老师、同学的关系也很好。可是东东的妈妈总是向老师抱怨："这孩子这段时间也不知怎么了，动不动就发脾气、摔东西，而且还常常与我作对，我让他向东，他就偏向西。"

后来，老师找了一个合适的机会与东东谈心："最近一段时间，我注意到你的情绪不是很好，是不是有什么心事呀？"

东东委屈地对老师说："老师，不知为什么，最近我的烦事儿很多。尤其当爸爸妈妈把我当小孩子一样对待时，我就感觉特别烦。我已经是大孩子了，饿了我自己会去找东西吃，冷了我自己知道加衣服……如果父母连这点儿小事都认为我做不好，我就会故意与父母作对，我希望他们能从我的行为中读懂我的意思，理解我、尊重我……"

这就是青春期孩子典型的叛逆心理，对于父母不正确的教育和不合理的要求，他们的情绪反应往往会非常激烈。我们都知道，青春期的孩子将经历一个情绪、情感的突变期。这时候如果父母没有给予孩子足够的理解和尊重，他们就会经常发脾气，与父母对着干。

其实，孩子之所以这么做，是在以一种消极的方式期待父母的反省和改变。大部分孩子出现叛逆心理以及叛逆行为，是因为他们想要独立，并且希望父母能够尊重自己，把自己当作一个成人来看。这个时候，如果父母教育孩子时不讲究方式方法，态度过于强硬，孩子就会变得越来越叛逆。

因此，妈妈在对待孩子的叛逆行为时，一定要遵循一个原则，那就是在理解、信任、尊重孩子的基础上，与孩子进行平等、民主的相处，并对孩子的反抗行为给予耐心的说服和合理的疏导。

那么，妈妈又该如何引导孩子，与叛逆期的孩子和谐相处呢？以下就是几点建议：

方法一：妈妈的态度决定了孩子的情绪变化

孩子的烦恼并不仅仅是针对零用钱、衣服或者课外书，他们需要的是妈妈的理解和尊重。当孩子真正得到大人的理解和尊重之后，他的一切消极、叛逆的情绪才会平息。

例如，当孩子考砸了，有的妈妈就会劈头盖脸地训斥孩子："怎么回事？你怎么又不及格？隔壁家孩子怎么考得比你好？还说想去游乐园，考试都不及格，去游乐园玩的事免谈！"

让我们来看看明智的妈妈遇到这种情况又是怎么做的：

男孩考砸了，回到家后，把成绩单放在客厅的桌子上，然后就把自己关进了房间。一直到吃完晚饭，爸爸妈妈什么都没说。男孩实在坐不住了，心想：难道是爸爸妈妈没有发现我的成绩单？于是，他悄悄地来到客厅，发现在他的成绩单旁边，爸爸妈妈给他留了一张便条。

"儿子：爸爸妈妈知道你这次没有考好，但是你不要难过，也不必紧张，爸爸妈妈不会骂你。因为爸爸妈妈相信你肯定不会放弃努力的，所以，在下次考试时，我们不要求你成绩有多么好，只要下次比这次的成绩提高一点点，我们就会很满意。"

落款是"永远都支持你的爸爸妈妈"。

读了爸爸妈妈的便条之后，这个小男子汉在自己的日记里这样写道：

我是轻易不流泪的，但我被爸爸妈妈的理解和尊重感动得流泪了。在拿着成绩单进家门的那一刻，我都做好了与父母吵架的准备。但现在我知道了，这是没有必要的，我的父母是天底下最好的父母！

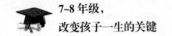
方法二：让孩子自由发泄情绪

如果孩子在学校里受了什么委屈或者被误解，妈妈在面对孩子表现出的悲伤或软弱时，一定不要呵斥他，应该让孩子尽情地发泄心中的郁闷。如果孩子需要父母的帮助，父母应该及时安慰孩子，用换位思考的方式去感受孩子的情绪，这不失为一个好办法。

那么，妈妈应该如何帮助孩子适度地表达自己的情绪呢？例如，妈妈可以让孩子养小动物，当孩子受了委屈，当他不愿意向父母倾诉时，可以鼓励他对着小动物倾诉；为孩子准备一个沙袋，当孩子有消极情绪时，允许他对着沙袋发泄自己的情绪；鼓励孩子通过跑步、做运动来发泄情绪。这些都是帮助孩子发泄情绪的好方法，但最重要的一点是，妈妈要理解和接纳孩子的情绪，允许孩子自由表达悲伤和软弱。

方法三：培养孩子控制情绪的能力

在这里我们推荐一个聪明家长的做法：

在我们家，有一个约定：任何一个人情绪激动时都不允许说话，如果感觉情绪实在不能控制时，就大声地喊"暂停"，然后用其他的方法发泄情绪。比如，做做深呼吸、到另一个房间里去安静一会儿、出去散散步、打打篮球等。

当然，当有人大喊"暂停"之后，家里的其他成员绝不要去问他原因，而是等他情绪稳定后，由他自己告诉大家他情绪变化的原因。

自从有了这个约定之后，之前爱发脾气的儿子几乎很少再有情绪失控的时候了。

仔细想想，这个方法妙就妙在，它允许孩子在不伤害他人的情况下，把自己的情绪表达出来，同时又通过恰当的方式把这种负面情绪发泄出去。所以，如果孩子的自控能力特别差，或者情绪起伏不定，建议家长不妨试试这个方法。

用爱与智慧融化孩子自闭的心

让我们先来看这样一个故事：

15 岁的柳茜，从小就是一个特别听话的孩子，没有妈妈的允许从不随便出门，也从不乱花钱，让妈妈很省心。可是随着年龄的增长，妈妈却发现了柳茜的一个缺点：性格特别内向，不爱与人说话。最近表现得越来越严重了，几乎不和同学们交流，整天缄默不语，老师同学们都认为她是个很冷漠的人。不爱参加集体活动，也不爱接触新鲜事物，即便在家里，跟妈妈说话也很少，总是静静地坐着发呆。有时候能连续几个小时看电视，不想跟任何人见面。妈妈怕她得上自闭症，赶紧带她去看了心理医生。

原来，在柳茜 7 岁的时候她的爸爸妈妈就离婚了，柳茜一直跟着妈妈生活，母女俩相依为命。妈妈出于对她的保护，很少让她离开自己的身边。孩子大了，不应该整天黏着妈妈了，可柳茜跟小时候并没有什么区别，除了去上学就是在妈妈身边。她自己说："我从小就生活在妈妈撑起的天空下，与外界接触特别少，我不喜欢跟别人说话，感觉也没什么可交流的，不想到闹哄哄的人群中去，我觉得没意思。"

孩子的健康成长，离不开良好的家庭环境、浓浓的亲情和完整的家庭结构，这些都是孩子健康成长的很重要的因素，如果缺少这些因素，对孩子的成长则有害无益。据调查统计，出问题的孩子 90% 来自缺乏交流、父母离异的家庭。

有些父母在离异或丧偶之后，为了弥补孩子因缺少父爱或母爱而导致的心理创伤，往往会将自己全部的爱和精力都给了孩子，有些父母为了避免孩子遭受伤害，甚至不让孩子离开自己半步。这样做反而造成孩子胆小、缺乏主见、没有自理能力，很容易自闭、抑郁。

虽然有些家庭很完整，但由于父母整天忙于自己的事业，孩子大多交给老人或保姆照顾，自己很少有时间跟孩子在一起。这样也容易导致孩子跟父母的关系生疏，造成自闭。比如下面这个故事：

孩子："爸爸，你知道今天是什么日子吗？"

爸爸："很特殊吗？让我想想。"

孩子："那好。你想不起来也没什么，我再问你个问题，我的学习重要还是心情重要？"

爸爸："……"

孩子："我告诉你吧，今天是我的生日。我已经等你很久了，这个生日我想跟你一起过。"

爸爸："对不起，儿子。是爸爸不好，忙得忘记了。"

孩子："你从来就只问我的考试成绩，不跟我聊其他的话题，你知道吗，其实我有点儿恨你。"

爸爸哑口无言。

孩子："爸爸，今天是我的生日，所以我想跟你聊聊我的生活。"

…………

这是一个 7 年级的孩子跟爸爸的谈话。那些整天忙得天昏地暗的父母，你的孩子是不是也在辛苦地等着你跟他一起聊聊呢？如果孩子缺乏与人的交流，慢慢就会变得少言寡语、自我封闭，产生孤独感。

现如今大多数孩子都是独生子女，生活在高楼深院里，与外界接触少，常与电视、电脑、游戏机亲密接触，使他们与他人交流的机会变得越来越少。

于是，我们经常会看到这个年龄段的孩子在与人交往方面，总是显得有些羞涩，不再像以前那么坦率、开朗，即使是对亲近的人也有所保留。他们不仅难以与长辈沟通，在同龄伙伴之间也不容易找到真正"心心相印"的知音，因而常常感到不被人理解，在心理上产生不同程度的孤独感。

一项关于北京市未成年人的现状调查显示，有不少孩子存在中等程度的孤独感，觉得自己没有什么知心朋友，觉得周围很多人是不可以信赖的，为此经常感到孤独、无助，有的孩子甚至有过离家出走的念头。其实这种自闭、抑郁以及孤独感也是青少年自我意识发展的一种表现。一方面，这些孩子觉得自己已经长大成人了，竭力想摆脱父母的管教，不愿意被当作小孩一样照顾，希望得到别人的尊重和理解；另一方面，由于他们独立生活、自理的能力还较差，所以又十分眷恋、依赖父母。另外，学习难度的增大或考试失败也是造成青少年自闭、孤独、抑郁的一个原因。

7~8 年级的孩子抗风险能力还较差，所以妈妈要给予孩子特别的关爱和关注。为了预防这个年龄段孩子出现自闭和抑郁心理，妈妈要注意以下几点：

1. 注重情商的培育

情商是一个人适应社会的综合能力。妈妈在培养孩子良好品德的同时，更要教导孩子形成好的性情。比如，提高孩子的抗挫折能力，妈妈应该尽早让孩子明白：人生的道路不可能是一帆风顺的，总会遇到这样那样的坎坷，提高孩子的抗挫折能力，可以减少孩子自闭、抑郁的可能性。

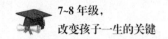

2. 为孩子的交友创造条件

妈妈应鼓励孩子从封闭的高楼环境中走出来，多与邻居或附近的孩子玩耍、交往，培养孩子之间的友谊。同时，妈妈应该鼓励孩子多参加学校的集体活动，或是经常带孩子参加有趣的社会活动。在活动中，孩子能与周围的人形成互动，从而减少孩子的孤独感。

3. 培养孩子的自立能力

不管你有多爱孩子，也不管你的家庭条件有多么优越，父母切忌对孩子事事包办。只有让孩子学会自己的事情自己做，有意识地让孩子碰碰钉子，尝尝苦头，才能磨炼孩子的意志力，走出过分依赖、自我封闭的小天地。

"平等""尊重"——走进孩子的内心世界

很多妈妈一说起上初中的孩子就会头疼不已。孩子小的时候，妈妈与孩子不仅是血肉相连，更是心意相通，妈妈很容易就知道孩子的想法，孩子也愿意和妈妈分享自己的心里话。

可是等孩子升入初中后，妈妈就发现孩子仿佛变成了另外一个人。情绪经常大起大落，什么事情都不愿意跟自己说，亲子之间的交流变得越来越困难，甚至动不动就会爆发"战争"。

其实，在以青春为主题的这场"战争"中，妈妈之所以无法走进孩子的内心世界，就是因为妈妈没有完全理解自己的孩子，孩子的心门自然就会关得越来越紧。事实上，妈妈只有在平等和尊重的基础上与孩子进行交流，才能获得孩子的信任，才能真正走进孩子的内心世界，这样才能真正帮助孩子、引导孩子。教育专家卢勤说："与孩子平视，这是所有从事儿童教育的人都应该遵循的原则。我们当家长的，要想被孩子所接受，更应该找好自己的位置，蹲下来，听孩子说，了解他们的思想，知道他们要做什么，是不是不该总是居高临下地审视孩子，滔滔不绝地训斥孩子呢？"

我们应该反思自己的做法，不要以为我们坚持的就一定对，要弯下腰、蹲下来听听孩子的声音。居高临下对孩子说话，只会阻挡你跟孩子之间的沟通。

与孩子平视，必要的时候蹲下来与孩子说话，这才是一个有智慧的妈妈的教育方法。和孩子平等对话，就是让孩子在情感上得到满足，这是一种有效的情感沟通方法。只有在平等、民主的氛围中，给予孩子平等的地位，给予他们充分发言的机会，给予他们决策和行动的自由，这种权力的下放才会让孩子体会到被尊重的满足，也会让孩子从内心生出一份责任感。

有一天，儿子放学回家，一脸的义愤填膺，然后滔滔不绝地向妈妈讲起上午发生在学校里的事情：

"我们班主任太过分了，还让我交检查，根本就不是我的错，都是王小明的错。我本来在认真听课，他在后面用手捅我，打扰我听课。他就是故意的，我把他的书扔地上警告他有错吗？王小明竟然动手打了我。班主任更是过分，批评我，还让我明天交一份检查。是王小明招惹我在先，又动手打了我，我犯什么错了！"儿子可能真的是十分生气，说起话来都有些语无伦次了。

儿子继续他的愤怒，妈妈在一旁耐心倾听。过了一会儿，儿子终于感觉舒服了一些，说："谢谢妈妈听我唠叨了这么长时间。"

第二天，儿子认认真真地写了一份检查，说自己不该扔王小明的书，也不该和王小明打架。

其实，妈妈那天早就想打断儿子的抱怨，在这件事上，儿子毕竟也有错。可是那天妈妈刚好因为咽喉痛得厉害，所以根本说不出话，只好在一旁听着儿子的抱怨。没想到，儿子竟然感谢自己。妈妈不由得反思了一下自己以前的做法：儿子其实心里是讲道理的，他也知道自己的错误之处，他只不过是想发泄一下心中的坏情绪罢了。而自己以前总是在孩子开口之前就批评他，是不是太过分了呢？

家庭中最常见的不平等就是，妈妈根本不听孩子讲话，或者总是打断孩子说话，然后要么长篇大论地说教，要么敷衍孩子。

要知道，孩子成长到青春期阶段，总是希望家长以及社会对自己的独立人格予以承认，希望能有自己的个人空间，而不是像小时候那样，什么事情都必须父母说了算。这种教育方式只会让孩子变得更加羞怯、焦虑甚至失望。

世界学前教育组织在《童年宪章》中指出：所有的儿童都不应该受成年人的剥削，他们的心灵、大脑和身体是属于他们自己的，不能分割；所有的儿童都有权在安全并有激励性的环境里游玩、成长和学习，不受伤害和烦恼；所有的儿童都享有他们所需要的一切来充分发挥他们的潜能，从而使他们的头脑、身体和情感都得到健康的成长和发展。

为此，妈妈要给予孩子自己做主的权利，要懂得尊重孩子的隐私，给孩子一定的私人空间，与孩子进行平等对话前应拿出自己的诚意。尤其是在孩子的青春期，这种权利更应该被明确地赋予，然而现实生活中，大多数妈妈却并没有意识到这一点，对孩子的"侵权违法"行为时有发生。

不听孩子的解释，对待孩子非打即骂；

不考虑孩子的兴趣和爱好，强迫孩子按照自己的意愿安排生活或是学习；

偷听孩子打电话，偷看孩子的日记，像监视小偷一样监视孩子；

严格限制孩子交朋友；

包办孩子衣食住行等方方面面的事情。

这些都是妈妈不尊重孩子的表现，如果孩子长期生活在这种教育方式下，很可能会变得越来越叛逆，甚至最后走上歧途。

美国家庭教育类电视剧《成长的烦恼》可以被称为一本"家教圣经"，在杰森家中，夫妇二人都将孩子当成朋友一样对待，他们与孩子一起讨论问题，他们会听取孩子的建议，在孩子面前敢于承认自己的失误和错误，他们还会用真诚、宽容的态度以及幽默的方式来解决孩子成长中的各种烦恼。不仅整个家庭充满了欢乐，孩子们也尽快适应了社会，成为受欢迎的人。

由此可见，平等与尊重才是父母打开孩子心门的钥匙。妈妈要明白孩子不论年龄大小，都有自己的独立人格，都有自己的行为方式，而且孩子是在成人的尊重中学会做人，学会自尊的。作为妈妈，只有平等地对待孩子、尊重孩子的人格，才能培养出健康自信、追求真理的孩子，而家庭中的每个人也才能快乐、进步和成长。

第二部分

7~8 年级，全面提高
孩子的学习能力

学科不同，学习方法要有差异

进入 7~8 年级后，由于学习的深度和难度与小学相比有了很大的差别，很多孩子在学习上会感到力不从心。这时妈妈该怎样去引导孩子提高成绩呢？比如，语文、英语等科目需要平时的点滴积累；物理、化学等科目则要求深入理解、全面把握……因此，学科不同，学习方法也一定要因"科"而异。

语文——细水长流，注重积累

语文是一门基础学科，作为中国人学好母语责无旁贷。随着我国综合国力的增强以及在国家大力弘扬传统文化的政策背景下，语文学科的学习显得更为重要。同时，汉语也是当今世界上最重要的交际工具，语文知识也是人类文化的重要组成部分。

现代社会要求孩子具备良好的人文素养和科学素养，具备创新精神、合作意识和开放的视野，具备包括阅读理解与表达交流在内的多方面的基本能力。而这些能力的掌握，都与语文学习息息相关。所以，妈妈一定不能轻视孩子的语文学习。

生活中，我们经常会注意到这样一种现象：孩子升入初中后，由于科目增多以及语文课程知识的深化，很多小学语文学得不错的孩子，这时却抱怨不断："语文知识点太多了！""好多东西要背啊！""语文真难学啊！"……其实，语文学习和其他学科一样，也是有方法和规律的。

方法一：明确语文学习的意义和作用

语文作为一门基础学科，对于孩子学好其他学科和日后的发展具有重要的意义。学习语文可以满足人们日常生活中言语交际的需求，学习语文有助于提高人的业余生活、精神生活的质量，学习语文可以使人拥有一种提高学习效率的工具，学习语文能使人获得一种基本的工作能力，而且可以给予人基本的文化修养。

可以说，今天的人类比以往任何时候都更加依赖阅读、写作和口语交际，特别是在倡导素养教育、"人"的教育以及终身教育的背景下，时代对人的言语能力提出了更高的要求。不能顺畅阅读、写作和口语交际的人就不能胜任具有较高智能性与挑战性的工作。因此，语文素养已成为现代人最基本的素养之一。

另外，语文是中学期间的一门重要学科，如果孩子把它功利化地当成一门考试科目来应付的话，在语文学习方面，就会变得比较死板、吃力。久而久之，孩子就会对语文失去兴趣、失去信心，继而偏科，使语文变为老大难的问题。为此，妈妈在日常生活中要积极地引导孩子，让孩子明白语文学习的意义和作用。

方法二：兴趣和信心不可缺少

语文学习和其他学科不一样，不能靠突击来应付考试，语文能力是一个长期积累的过程，而兴趣和信心无疑是语文学习过程中的推动力。

那么，如何让孩子对语文产生兴趣呢？首先，在学习课文时，妈妈可以引导孩子找到一些与课文主题相关的资料，让课文中的形象更加丰富、具体。其次，结合课文，找一些可以与生活相结合的点，与孩子进行讨论。若是能做到把生活与课文生动地联系在一起，那么孩子在语文学习中就不再觉得枯燥和刻板，学习兴趣也会越来越高。再次，引导孩子多表达，培养写作兴趣。比如，当你不经意地问起孩子学到了哪一课，他回答说学到《羚羊木雕》时，你可以轻松地和他谈谈对友谊的理解、认识以及困惑，鼓励孩子把自己的故事和想法以日记或作文的形式写下来，这样在无形中可以培养孩子的表达欲望。一旦孩子有了表达的欲望，自然就有兴趣运用文字和修辞来构建和润色自己的文章，也会更加关注字词和语法技巧等基础知识。

刚开始，孩子的文笔也许很生涩，没有太多的感染力，这时，妈妈千万不要打击孩子的信心，而是要找到孩子写作中的闪光点，和孩子一起交流，一起探讨。这样，孩子就会越来越喜欢语文，因为对他来说，语文不仅是一个学习任务，更是与他自身的生活息息相关。

方法三：掌握牢固的基础知识

语文学科知识博大精深，综合性强，其中有很多基础知识点。例如，语文的字音、字形、成语、俗语、文言实词和虚词，以及文学常识和名篇名句等。这些知识点数量庞大，不是一天两天能够学会的，需要孩子化整为零，逐个去解决。

掌握语文基础知识的过程，实质就是与遗忘做斗争的过程。这里根据心理科学，总结强化了记忆的 4 条诀窍。

初次记忆：心理学表明，10 分钟能记住的东西，要再有 5 分钟，变换着方式（默想、默写、诵念等）去记忆，效果会更佳。

重复记忆：实验证明，凡是孩子自己默诵的东西，3 小时后遗忘 10%，

3天后遗忘25%~30%，时间越长，遗忘率越高。学习本来就是一个不断重复记忆的过程，反复记忆才能相对克服遗忘。所以，妈妈要引导孩子养成重复记忆的习惯，安排好每一个阶段的记忆目标，这样才能取得事半功倍的效果。

寻找联系：要善于在未知与已知之间、抽象与具体之间、杂乱与条理之间，进行识记内容的联系与转换，这是强化记忆的有效方法。如果发现不了上述联系，你可根据个人体验或外部的、偶然的联系，"强行自制"一种联系。

归纳分类：事先准备一两个袖珍札记本，按基础知识的纲目分类，随时摘记或剪贴各种基础知识。比如，容易写错和读错的字词、成语，近义词和反义词，不易掌握的关联词语、名言佳句、常用文言实词、写作常识、写作素材，等等。这样以后复习起来，不仅有条理，也很容易发现知识点之间的联系。

方法四：注意观察生活与日常积累

谈到学习语文的经验，一位文科状元孙某就深有感触：

孙某认为语文是一门注重积累的学科，很难一蹴而就。他说："我主要通过记日记来练笔，把平时生活中发生的那些大事小事都以日记的形式记录下来，或者把日记写成读后感、观后感。比如，看完一本书、一些杂志、某个电视节目，总会有一些感受，那么我就会把它们写出来，记在日记本上。如果你平时经常写日记的话，那么写作文的思路就会来得很快，可以直接从平时的日记里获得很多素材，要是灵感一下子和日记契合上了，下笔就丝毫不费事，就会写得顺畅而流利。我在读初中、高中的时候，就一直坚持记日记。我写日记除了记录日常生活中的一些事

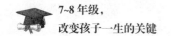

情，以及一些读后感、观后感外，有时也会把一些名言警句、一些好文章摘抄下来，这样不仅可以激励自己，而且还能丰富我的创作灵感。"

从这段话中，妈妈们也可以受到一些启发：具备丰富的知识积累，是学好语文的法宝之一。

社会有多大，语文课堂就有多大。妈妈在日常生活中要注意引导孩子的思维，引导其注意观察社会生活，能够在其中提炼出自己的观点。然后通过记日记这种方式锻炼自己的表达能力。这样，不但对孩子作文水平的提高有所帮助，还可以提高孩子的理解能力与感悟能力。而这些都是学好语文不可缺少的。

此外，妈妈在给孩子买了优秀作文范本之类的书籍之后，不要放任孩子去自学，可以找一些和孩子写作风格比较相近的范文，让孩子学习模仿，进而逐渐形成自己的写作风格。

除了上面介绍的几点经验外，想帮助孩子学好语文，妈妈还要为孩子准备几样东西。首先，需要给孩子准备一本词典。如果孩子遇到不懂的字词，就可以随时求助于词典，这样就等于多了一位全天陪伴的"老师"。

其次，订一套适合孩子阅读的报刊。在具体选择上，妈妈应以阅读性、趣味性和知识性为主要标准，这样不仅会激起孩子的阅读欲望，还有利于提高他们的语感和写作能力。但是切记不要选择内容枯燥乏味、说教意味浓厚的读物，这种作品很容易让孩子失去阅读兴趣，甚至对语文产生逆反心理。

再次，妈妈还要为孩子挑选一些故事性强、能够激励孩子奋发向上的中外名著。这些世界名著凝聚了世代人类思想艺术的精华，不仅可以陶冶孩子们思想情操，还能潜移默化地提升孩子的语文素养。

最后，妈妈不要忘了提醒孩子随身携带一个笔记本，鼓励孩子多观察生活，并把自己的所思所想写出来。很多时候，灵感往往只是一刹那的事，而一个随身携带的笔记本可以帮助孩子记下平时的所思、所想、所感，从而很好地积累素材。

古人说，腹有诗书气自华。相信每个妈妈不仅希望自己的孩子学好语文，取得好成绩，同时更希望借助语文学习，培养孩子高雅的文化情趣，锤炼思想的深度。但是，学好语文贵在细水长流，重在平时的点滴积累，很难在短期内收到立竿见影的效果。因此，妈妈不要心急，而是要坚持引导孩子每天涉猎有关语文的知识，不论课内的还是课外的，使其语文水平在循序渐进中得以提高。

数学——"万变不离其宗"

数学是一门基础学科，是人类理性思维的重要方式，能够锻炼一个人的逻辑思维能力。数学也是理科学习的基础，数学水平的高低，直接影响到物理和化学的学习。

小学数学侧重基础，因此相对简单，主要是一些基本的运算方法和简单的数学思想，但是进入初中以后，数学课程更加注重数学思维的培养，简单的方程、不定式方程以及更抽象的数学概念接踵而来。

由于小学数学与初中数学的教学侧重点不同，学习方法自然也应该有所不同。这就是为什么有些孩子往往小学数学成绩很好，但是由于学习方法没有得到及时改进，一到初中数学成绩就直线下降，让很多家长头痛不已。

那么，妈妈应该怎样引导孩子掌握合理的学习方法，提高数学思维，最终帮助孩子取得好成绩呢？

方法一：多与孩子交流数学学习中的困难和难点

很多孩子一提学习总是表现得很被动，如果妈妈不主动去问，孩子往往不会说出自己的困惑。这就需要妈妈平时多和数学老师联系沟通，了解孩子的学习状态，以便采取措施应对。同时，妈妈也要多关注孩子的数学成绩，及时查看孩子的数学试卷，与孩子交流数学学习中的困难和难点。

方法二：协助孩子养成良好的数学学习习惯

学习技巧决定着孩子学习的成果和效率，为此妈妈千万不要忽视对孩子学习习惯的培养。其实，学习数学也有一个诀窍，不论哪个阶段的数学学习，都是万变不离其宗，而这个"宗"就是基础的数学定义、数学公式和数学定理等知识。只要掌握好这些基本概念，并熟练地加以运用，数学学习就会变得非常轻松。为了帮助孩子掌握数学基本概念，妈妈可以参考下面几种方法。

1. 基本概念要记牢

一般来说，在数学考试中，题目的难易程度比约为 7∶2∶1，也就是说 70% 的题目是考查数学概念和数学定理等基础知识，20% 的题目属于中上难度，但这部分题目也是在基础知识上加以延伸和综合。只有 10% 的题目具有一定难度，确实需要一定的数学技巧才能答对。

所以，在数学学习的过程中，基础知识的掌握尤为重要。孩子只有掌握了这些基本概念，才能将其深刻理解，这样数学成绩自然不会太差。

2. 走出"一听就懂，一做题就不会"的困境

很多孩子都有这样的问题：听课时，一听就懂，但是一到做题要么做错，要么根本不会。之所以会出现这种情况，主要原因在于孩子对基本的数学概念和公式没有完全理解透彻，看完一遍定理就去匆忙做题，以为数学只要多做题就可以，这样不但会导致孩子的数学基础知识不够扎实，而且还很容易打击孩子学习数学的积极性。

为此，妈妈可以采取这样一些方法对孩子学习数学的习惯加以引导和纠正：首先，妈妈要让孩子合上书，重做一遍例题，并且在做题的过程中，找出自己思维受阻的地方。其次，引导孩子对照课本的解法，寻找自身思维的漏洞，问问自己：为什么课本这样解答题目？我的解法的不足之处又在哪里？再次，妈妈要鼓励孩子多思考，如果题目的条件、结论换一下还成立吗？本题还有没有其他的解法与结论？最后，引导孩子自己总结解题规律，在容易出错的地方，做出重点题型标记。这样孩子对数学知识的掌握就会更加牢固。

方法三：培养孩子活跃的数学思维

任何一门学科都有适合它的思维方式，数学学习也不例外，孩子如果掌握了数学的思维方式，那么想要取得好成绩也就是水到渠成的问题了。妈妈可以用以下几种方法锻炼孩子的数学学习思维：

1. 锻炼孩子一题多解的思路

积极、适宜地进行一题多解的训练，有利于充分调动孩子思维的积极性，提高他们综合运用已学知识解答数学问题的技能和技巧；有利于锻炼孩子思维的灵活性，促进他们知识与智慧的增长；有利于开拓孩子的思路，引导他们深刻理解知识之间的联系，培养和发挥他们的创造性。

2. 培养解题的成就感

当孩子遇到难以攻克的题目时，妈妈要鼓励孩子不要轻言放弃，运用多种思维，反复思考验算，直到把难题做出来为止。而每一个孩子在经历了这一过程之后，心里都会生出一种强烈的成就感。所以，妈妈要做的就是不要轻易告诉孩子答案，也不要留下孩子一个人闷头苦想，而是要在适当的时候鼓励孩子一下，并给予孩子适当的帮助。

3. 精练多练出成果

有些老师和家长习惯用题海战术来帮助孩子提高数学成绩，有些孩子因此也错误地认为，只要题做得够多，就一定会取得好成绩。其实不然。做题的主要目的是锻炼解题思路。因此，做题要有针对性和侧重点，并且要多做精练题型，尤其要多做能考查多个知识点的综合类题目。因为这样不仅锻炼了孩子对不同知识点的理解和归纳能力，对不同知识点可以更好地融会贯通，而且孩子通过做综合类题目，能够把零散的知识点有机地结合起来，形成一个知识结构谱系，也便于自己更好地记忆和理解。同时，做综合题也是检验孩子学习成效的一个有力工具，孩子通过做综合题，可以知道自己的不足所在，进而及时弥补不足，不断提高自己的数学水平。

4. 做题要会总结

不少孩子在做数学题时经常是做完一道题就急于做下一道题。这种方法看上去是做了很多题，但实际效果却未必很好。数学学习贵在总结。抓住数学思想，总结解题方法才是做题的主要目的。

初中阶段经常出现的数学解题方法有分类讨论法、面积法、特值法、数形结合法等，需要理解的数学思想有变换思想、方程思想、函数思想、化归思想等。因此，妈妈要引导孩子学会在脑海中将每一种数学思想对应的典型习题由易到难地排列起来，这样孩子以后遇到类似的题目，就能做到举一反三，事半功倍。

妈妈还要帮孩子准备一个习题总结本，将各种题型按照考查的数学思想加以分类，带着孩子不时地翻一下笔记本，以加深孩子对各种概念和题型的理解。

5. 抽象思维能力的锻炼很重要

有些孩子很难理解与生活现象不太一致的数学语言，比如一些整式，还有函数关系式，等等。为此，妈妈要在日常生活中多培养孩子的抽象概括能力，也可以给孩子买一些锻炼抽象思维的趣味书，做一些有针对性的训练，这对孩子数学兴趣的养成和成绩的提高都很有好处。

英语——随时随地随学

由于缺乏英语学习的语言和文化氛围，很多孩子学起英语来经常会感觉很费劲。与此同时，初中英语考查的难度却在不断加大，社会对英语人才的要求也不断增加。

很多家长对孩子的英语学习倾注了极大的热情和精力，甚至不惜花费大量的金钱和时间，但是效果却并不理想。这往往是因为家长虽然认识到了英语学习的重要性，但是却没有找到科学合理的英语教育技巧和方法，只能用笨方法逼迫孩子学习，时间久了，孩子必然会对英语学习非常排斥，在这种心态下学习英语自然也是苦不堪言。

英语学习其实与语文学习很类似，不是凭借一朝一夕就能学好的，需要长久的努力与积累。良好的英语学习习惯对于英语水平的提升和英语成绩的提高有着重要意义，同时这种习惯对于以后高中乃至大学阶段的英语学习也有着重要的持续意义。妈妈们千万不可掉以轻心！

那么，妈妈该如何帮助孩子学好英语呢？

方法一：学习英语时要听、说、读、写结合起来

心理学家曾做过这样的分析：如果能调动人体所有的感官去学习，其效果是只用眼睛看或耳朵听的数倍。所以，孩子要想学好英语，一定要调动所有的感官，全方位地去感受英语，这样才能达到良好的学习效果。

听、说、读、写是英语学习的四件法宝，学习英语时一定要将它们密切结合，相互渗透，相互补充，循环往复，才能形成一个实用、有效的英语学习方法，才能帮助孩子形成一套完整的英语知识学习体系。

学习英语是从"听"起步的，"听"是"说"的前提，多听即认真听老师或录音的示范发音，用心听他人说英语，只有听得清、听得懂，才能说得准、说得好；多说即要大胆开口说英语，然后在此基础上注意讲话音量

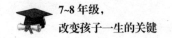

适度、仪表大方；多读即要正确拼读单词，响亮、流利地朗读课文，拼读单词有利于记忆单词、积累词汇，朗读英语有利于培养孩子的语音、语调、节奏、语感等；多写可以不断地促使孩子复习掌握的基础知识，促进良好语感的形成。

总之，良好的英语学习习惯不会自然生成，妈妈应该帮助孩子将这几项活动有机结合起来，才能促进其英语水平的全面提升。

方法二：协助孩子选择一种轻松有效的单词记忆方法

记忆单词有很多的技巧和方法，其中死记硬背不仅是效果最差的，也是最痛苦的方法。妈妈要尝试让孩子学会运用比较轻松的记忆方法。以下几种方法可以参考：

1. 语音结合法

英语中某些固定的字母组合的发音往往是固定的。比如，ph 组合大部分情况下都会发 [f] 的音，典型单词有 phone、photo、elephant 等。所以结合发音背单词省时省力，还可以顺便练习发音。

2. 前后缀记忆法

英语中的前后缀相当于汉语中的偏旁部首，它们位于单词的开头或结尾部分，对单词的意义起到补充或修饰作用。比如，inter 这个前缀就有"相互的""在……的中间"的意思。这样，当我们看到 internet 这个词的时候，就知道它是由两部分组成的，即 inter 和 net。它们的意义分别是相互的和网状系统，组合在一起就是相互（连接）的网状系统——互联网。

3. 联想记忆法

对某一个具体单词来讲，在其左侧或右侧可能纵向添加一个、两个、三个甚至更多的字母就可以组成一个新单词。利用这一特点，孩子通过联想记忆，可以一次记住一组单词。

例如：

lack（缺乏）——black（黑色的）——slack（松弛）；

light（点燃）——alight(燃着的）——blight(枯萎)——flight(飞行)——slight(微微的)；

wander（漫游，徘徊）——wonder（想知道）；

acquire（获得，得到，养成）——inquire（打听，询问）；

personal（个人的；亲自的）——personnel（员工，全体人员）；

…………

4. 阅读记忆法

在阅读中最容易出现很多新的单词，孩子在阅读过程中，一旦遇到新的单词，就要及时把它们画出来，然后查字典，朗读几遍，记清词义后，再朗读几遍，并认真了解这些单词在句中的词义。日积月累，通过阅读，孩子在不知不觉中就能掌握大量的词汇。

5. 对比记忆法

英语中 26 个字母的组合总是很奇妙，有时候只是一两个字母的差别，但是表达的意义却完全不同。如果孩子能注意到单词与单词之间的这种区别，记单词时就会很容易。

6. 分类记忆法

孩子的词汇量达到一定程度后，妈妈可以提醒孩子将所学的单词进行分类，通过分类可以系统化地记忆单词，这样孩子的词汇量就相当可观了。根据研究得知：3000 个单词的词汇量是英语记忆的基准线，一旦达到或超过这个基准线，单词就很容易学会并且记住了，记单词的困难也会大大减少。

方法三：学英语，针对性训练必不可少

单词记忆是英语学习的重要环节之一，但英语学习不仅仅是单纯的单词记忆，更重要的是要学会应用。因此，在学习英语过程中，有针对性地

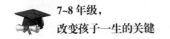

进行练习就必不可少。

在英语学习活动中，课堂练习是最基本的一种活动形式。学生英语概念的形成、基础知识的掌握、英语方法与技能的获得、技能的形成、学生智力和创新意识的培养等都离不开这一基本活动。

现在很多孩子都不重视课堂练习。要知道，45 分钟的课堂练习效果要远远胜过课后 2 个小时的刻苦复习。因为，英语是一门语言，在互动的氛围内比较容易掌握语言要点。

除此之外，重复和模仿练习也是英语学习过程中必不可少的环节之一。重复是记忆之母。不断地大声重复背诵和朗读也是训练英语语感的必由之路。也许有些孩子自己还感觉不到，只有背得多了、读得多了，语感才能自然而然地形成，阅读、写作的水平也才会随之慢慢提高。另外，孩子还要大量地做题，只有这样才能学会单词的用法，了解英语中的固定表达方式。

模仿是学好英语写作的必经之路。英语毕竟是一门外来语，我们没有一个天然的语言环境，难以自然地去运用，那就只有多模仿英文原版。孩子在进行听、说、读、写训练中，一定要跟紧英文的发音、语调和写作规范、写作偏好，等等。

方法四：帮助孩子营造一个良好的学习英语的氛围

妈妈可以给孩子买一些适宜的英文原版电影让孩子欣赏，以增强孩子的英语语感，比如《哈利·波特》系列。还可以订阅一些简单的英文杂志，因其实时性、趣味性和话题性，远比一般的英语教材和小说更能吸引孩子的注意力，妈妈也可以借此培养他们学习英语的兴趣。

听广播也是一种学习英语的好方法，但是这种方法需要妈妈不断地鼓励孩子，增强他们学习英语的信心和兴趣。一般来说，妈妈可以鼓励孩子从纯正的英语广播 VOA 开始，慢慢培养他们对英语的兴趣。

　　妈妈还要提醒孩子注意生活中的英语运用，随时随地对英语保持敏感。比如，走在街上，留心观察任何标有英文单词的广告牌、路牌，以及商品包装等，并提醒孩子随时留意这些英文的表达方式和单词拼法。

　　看电视广告时，我们也会经常听到一些英文单词或英语对话，此时妈妈可以引导孩子竖起耳朵听，看自己是否能听懂，没听懂的地方可以结合中文，看是否能猜出大意，实在听不懂，就要鼓励孩子去查字典了。

历史——一"串串"有意思的事

　　很多家长往往有这样的认识，历史作为一门副科，只要孩子以后不打算学文科，对其升学的作用就不大。但是，真正的历史从来就不是一门应付考试的工具，而是指导人类积极应对未来，避免重蹈覆辙的精神武器。

　　俗话说，见多才能识广，足智方能多谋。读史使人聪慧，更使人睿智。从真正的历史中摄取智慧，关注那些叱咤风云的豪杰、聪颖灵秀的文士，以及擅使权谋、奸佞邪恶之徒，让孩子从不同的角度加深对历史的了解，体会蕴藏其中的智慧。这些智慧对于孩子今后人生的发展和人格的完善是非常重要的。

　　无数名人都非常重视对历史的学习，妈妈多给孩子讲一些名人学习历史的故事，就是一种很有效的激励方法。比如，唐太宗李世民曾说："以铜为鉴可以正衣冠，以史为鉴可知兴衰。"培根曾说："读史使人明智。"毛泽东一生都在读《二十四史》……妈妈们可以根据相关书籍给孩子娓娓动听地讲一些故事，让他们从中领悟到学习历史的重要性。

　　很多妈妈觉得孩子现在的功课任务很繁重，于是忽视了对其历史课的重视。其实，历史知识的掌握，对于孩子的语文、英语和地理等文科知识的掌握有很好的促进作用。下面我们就来谈一谈历史的学习方法有哪些。

方法一：鼓励孩子重视历史课堂

从学习效率的角度来看，没有什么是比课堂更好的学习场所了。课堂上鲜活的历史故事以及历史观点之间的互动、碰撞，是一个人在家里复习教材无法感知和获得的。

另外，每个孩子都会形成自己稳定的历史观，如果孩子不能在课堂上获得，必然也会在社会的熏陶中一点一点地积累起来。而社会生活中的历史素材往往又非常零散，给孩子造成的影响是不稳定的，难以控制和把握。一个不能客观辩证、不能从多角度多层次看待历史的孩子，他的人生观和价值观就很容易产生偏差。

所以，妈妈要多鼓励孩子在历史课堂上认真学习与思考，积极发言，帮助其养成客观、有深度的价值观和历史观。

方法二：教孩子练出一双发现历史的眼睛

历史学习最大的难点就是需要记忆的内容很多，而很多孩子一想到需要记忆大量的历史知识便会头痛，但实际上历史从来都是无处不在的，生活中的很多事物都可以作为妈妈对孩子进行历史教育的教材。

例如，任何一部文学名著都是在特定的社会历史背景下写成的，妈妈要鼓励孩子在看某部名著的时候，多查阅相关时代的历史生活背景；古装剧中会有很多的历史知识，但免不了会被艺术加工，或是存在很多谬误，这时妈妈就要引导孩子辩证地去看待这些问题；旅游景点更是历史文化的见证，记录了历史上的重要事件或者风土人情，为此妈妈可以多带孩子游览祖国的文化古迹、名山大川，使其对历史书上学过的内容有一个更加形象、真实的认识。

例如，有一位妈妈为了增强孩子学习历史的兴趣，打算暑假带孩子游览北京故宫，出发之前，她仔细地翻阅了相关资料，掌握了很多历史典故，在游览的过程中，她便声情并茂地为孩子讲解一个个浓缩在文物中的历史故事，孩子听得津津有味，回家之后，孩子还自己上网查阅了很多相关知识，后来这个孩子学习历史的劲头也变得更强了。

方法三：教孩子巧学历史

历史学习最大的难点是需要记忆的内容很多，孩子一想到大量需要记忆的历史知识便会退缩。实际上，历史知识虽然庞杂，但只要抓住规律，掌握其中的技巧，学习起来就会省力得多。

1. 及时巩固训练

孔子说，"温故而知新"。对所学的历史知识及时进行复习，有利于我们更好地掌握历史知识。历史知识中有很多需要记忆的要点。比如，事件发生的时间、地点和前后顺序等，孩子记忆时如果没有掌握相应的规律就会陷入"总背总忘"的恶性循环中，影响学习效率和兴趣。为此，妈妈要教会孩子根据记忆的规律，及时复习巩固，强化记忆，提高分析能力。

2. 学会贯通联系的方法

历史是一门规律性强、线索脉络清晰的学科，每堂课之间都有一些联系，孩子们只要学会抓住关键、以点带面，历史课的学习便会化难为易。孩子在总结历史规律、寻找知识之间的联系时，一般可采用横向联系的学习方法与纵向联系的学习方法。

横向联系的学习方法，是利用不同章节中相同、相似的知识点进行归类。例如，老师讲到法国资产阶级革命时，孩子可以用表格的形式把以前学过的各国革命爆发的原因、经过、影响加以对比，分析异同，在分析对比中，悟出各国资本主义崛起的异同，掌握知识的要领，这样记忆就会更加深刻。

这种方法可以应用于每一节课的学习过程中。老师每讲到一个可以进行类比的历史知识时，孩子就可以跟着老师的提示回忆所学的相同、类似

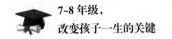
的历史知识，然后加以分析对比，把类似的历史知识归纳到同一条记忆链条中去。

纵向联系的学习方法，就是把一个历史要素按照时间或者其他的顺序加以总结，跨越章节界限，一线贯穿。例如，我国古代的文学形式可以按照朝代连接成线索：唐诗、宋词、元曲、明清小说等。运用这种方法，孩子可以把前后学习的知识有机地组合到一起，学习起来也会更加有条理性。

总之，孩子要想学好历史，就要掌握教材的内在联系，做到横看成面、竖看成线，使千头万绪的历史问题都能各就各位，交织成网络，纵横有序，左右逢源。这样，零碎的历史知识就很容易掌握了。

地理——秘密在于图文结合

初中地理包括中国地理和世界地理两部分。与其他学科相比，地理学科的知识内容涉及地形、气候、河流、人口、城市、交通、物产等多个方面。在很多孩子眼里，地理学习内容环境空间广大，事物多种多样，彼此之间关系错综复杂，是一门很难学的学科。

其实，地理远非孩子想象的那么难学，很多孩子认为地理难学的原因之一就是没有掌握方法，面对繁杂的知识，只有根据学科规律总结出相应的学习方法，才能化难为易，学得扎实而灵活。

而对于妈妈来说，首先要知道初中地理主要学什么，才可以具体地指导孩子的学习。初中地理主要是培养孩子基本的地理读图能力，介绍一些基本的自然现象和地质构造形成的原因，进而分析地理与经济发展的关系，怎样选择最优的地理位置等。其主要知识结构如下：

自然地理知识：地理壳——景观壳——地球表层——大气圈——岩石圈——水圈——生物圈——人类圈——陆地——海洋——山脉——大陆

架——气候——植被。

人类社会地理生活：乡村——集镇——城市——人种。

中国行政区域划分：全国分为省、自治区、直辖市；省、自治区分为自治州、县、自治县、市；县、自治县分为乡、民族乡、镇。

世界行政区划分：洲——国家——各国首都——城市——乡镇。

那么，怎样指导孩子学好地理呢？秘诀其实很简单，妈妈只要紧扣四个字——图文结合即可。

方法一：学会看地图

地图是有效掌握地理知识的重要工具，对于牢固掌握地形单元的位置有很大的帮助。例如，地理考试不仅有文字题，还有读图题，有的孩子只知道死记文字，导致图和文字脱节，考图的时候就完全不会了。所以，妈妈一定要督促孩子，上课前准备好地理课的基本工具也是常用工具——地图册。

要想学好地理，孩子就要养成一边听课一边看图的习惯。例如，学到地中海沿岸的气候是冬季多雨时，孩子就应该在地图上找到地中海的具体位置并标记出来。

孩子在记忆的时候，应该直接把文字放到地图上记忆，当涉及这个知识点的时候，脑子里反映出来的是有文字的图片而不单是文字，这样孩子便可以像读图一样回答各种问题了，不管是文字题还是读图题都可以解决。

例如，欧洲南部三大半岛自东向西依次是什么岛？连接地中海和大西洋的海峡是什么？这些题看似考文字，实则考的是图，考的是方位感，而且记住了图之后，更容易把各地区联系起来，学得更灵活了。

方法二：动手绘制示意图

各个国家和省区地图形状的考查也是地理考试常考的内容之一。可是，有些孩子因为看不出地图画的是哪个国家、哪些省份以至于失分，究其原因，就是平时没有细致观察地图的形状与特征。最好的学习方法是根据图形的形状区别记忆。例如，湖南、江西两省的图形形状像一对兄妹，越南的图形形状像一根扁担挑着两个筐，而意大利的图形形状像一只靴子等。

有的孩子说地理课本上有那么多图，很不好记，在这种情况下，妈妈不妨引导孩子多画图，不管画得像与不像，动笔就会有效果。例如，西亚石油输出的路线，孩子可以在一张草纸上绘制出简单的、相对位置正确的示意图。这类图不要求绘制得多么精准，只要能说明问题就行。持续这种锻炼，孩子的读图和画图能力都会有显著的提高。

方法三：善于把不同的地理知识联系起来

地理事物之间并非孤立的，而是相互联系、环环相扣的，位置、地形影响气候，气候决定植被、降水，从而影响农业。比如，中亚深居大陆内部，距海遥远，再推测就自然不难得出该地区"降水少"，植被以荒漠和草原为主的结论了。

学习地理的时候还要学会在不同的地理事物之间建立联系，这样才能深刻地理解地理现象的成因和发展变化。要想将地理知识有机地联系起来，首先必须学会多问"为什么"，带着发现问题的眼睛才可以发现事物的变化规律，进而养成由果推因的地理思维习惯。

例如，世界雨极是印度的乞拉朋齐。那么，为什么是乞拉朋齐而不是别的地方呢？

结合地图，根据乞拉朋齐所处的地理位置我们便可分析出答案。乞拉朋齐位于喜马拉雅山南麓的印度阿萨密邦，三面环山，向南面的印度洋敞开，来自印度洋的湿润空气在这里受到地形抬升形成大量的地形雨，年降水量在22000毫米以上，所以被称为世界雨极。

那么这时，同学们就可以联想一下北京的降雨特点。北京地处温带，受夏季风影响较多，来自高纬度的冷空气和来自低纬度的暖空气交汇，主要是锋面雨。

这样，气候便和地形、位置相互联系起来了。知识点在应用分析的基础上掌握得就更加牢固了。

方法四：对地理原理、概念的理解要把握住要点，抓住关键

对地理原理、要领的掌握，并不要求像物理、数学分式定理那样精确，只要抓住其中的关键、要点便十分容易理解和掌握。例如，"在自然界中，对人类有利用价值的阳光、空气、水等都是自然资源"，对这一自然资源概念的理解，我们应该抓住两个要点：第一，自然界中存在的，不是工业产品。例如，汽油虽然对人类有利用价值，但不是人类从自然界中直接获得的，它是工业产品。第二，自然资源是对人类有利用价值的，没有利用价值的不是自然资源。例如，沙漠虽然在自然界中存在着，但目前，对人类没有利用价值，也不是自然资源。

物理——将抽象的物理具体化

孩子进入 8 年级之后，就要开始系统地学习物理这门学科。物理是一门内容较为丰富的学科，既需要通过观察、实验获得知识，同时还要有较强的推理与计算能力。

大部分妈妈都非常重视物理这门学科，毕竟初中物理是高中物理的基础。但是对于相当一部分孩子来说，物理却不是一门好学的科目。这门课有一个非常明显的特点，就是分为力、热、电磁、光与原子等几个部分，各部分彼此独立，自成一体，都各有一套与之对应的学习方法。这就给孩子的系统学习带来了很大的困难。

很多孩子都抱怨说，物理很抽象，大部分的理论都是看得见、摸不着。遇到这种情况，妈妈不要着急。初中生刚刚开始学习物理，学习方法及抽象思维能力还没有养成，有一个阶段的适应期是很正常的。

其实，物理也有相对应的学习方法。比如，有些章节知识体系很系统，如静力学与动力学，有相当完善的理论体系，对于这部分内容的学习应以理解为主，务必深刻体会其内容；有些章节知识点比较零散，如原子物理部分。妈妈可以用一些方法帮助孩子把抽象的物理具体化，并督促孩子对零散的知识进行记忆，这样，学习起来就没有那么困难了。

方法一：重视常规学习，认真研读课本

军队不打无准备之仗，学习物理也是如此。新学期的书发下来后，妈妈应该引导孩子拿起物理课本，顺着目录，大致了解本学期的学习内容；每章、每节上课前，妈妈要提醒孩子提前预习，带着疑问去上课，这样听课时才能更专心、更有目的性；复习时，妈妈也要督促孩子多看一看课本，正所谓"读书百遍，其义自见"。

方法二：重视物理实验，理解实验背后的科学原理

物理学是一门实验科学，实验是物理学的基础，物理学的概念、规律及公式等都是以客观实验为基础。因此，要想学好物理，就一定要重视物理实验。妈妈应该提醒孩子在做物理实验时需要注意以下几点：

1. 认真看

很多孩子的动手能力不强，也不喜欢物理实验，总觉得照教科书上实验讲解背背，答对问题就行了。这种想法是不对的，妈妈要及时予以纠正。物理是一门特别重视实验的科学，实验中很多鲜活的物理现象背后往往蕴含着很深刻的科学原理，而且动手能力也是今后物理考试的热点，不可忽视。在实验过程中，孩子一定要认真看，记住实验过程的前后顺序以及产

生的不同现象。例如，用天平和量筒测定固体和液体的密度的实验，实验步骤不同，产生的结果会有很大的误差。

2. 学会思考

观看物理实验不是看热闹的过程，而是需要孩子通过对物理现象的细致观察，从中发现问题，进而深刻理解物理原理与概念。比如，在用天平和量筒测定固体和液体的密度的实验中，要用到量筒，那么使用量筒时需要注意什么呢？这样一边实验一边思考，才能使自己的知识水平不是单纯地停留在教科书的层面上，同时也能找到答案。

3. 会归纳

当孩子观察完物理实验的过程之后，妈妈要注意培养他们善于用自己的语言完整地表述整个实验过程，从而培养孩子的逻辑归纳能力。为此，孩子可以根据实验的测量数据，进行横纵向的对比，然后进行归纳得出实验结论。

物理学习一定要多思考，没有思考仅凭死记硬背去学习，就如同没有地基的楼房，是不牢固的。时间久了，那些物理名词、公式、原理，就成了"天书"，让孩子感到物理越学越难。

方法三：重视课本外的物理现象

物理来源于生活，服务于生活。缝衣服的针，为什么做得很尖？铁轨为什么要铺在枕木上，而不能直接铺在地上？枕木为什么要铺在石子上，而不能直接铺在地上？为什么汽车刹车时，坐在车里的乘客会向前倾倒？遇上湿滑的雨雪天气，如何才能减少交通事故的发生？如何判断戒指是不是纯金的？……

这些都是生活中的物理现象。聪明的妈妈要巧妙地利用孩子的好奇心，积极引导孩子学会观察、认真思考，用所学的物理知识去解答这些问题，培养孩子对物理学习的兴趣。

物理学科不是孤立存在的，在很多相关学科中，也有其身影。比如，在成语典故 "刻舟求剑""掩耳盗铃" 中就包含着深刻的物理原理：参照物、运动与静止的相对性、声音的产生与传播。中国古代诗词、成语、谚语中也描述了大量的物理现象。例如，"潭清疑水浅" 说明了光的折射现象，而 "湖光映彩霞" 则要用光的反射现象来解释。孩子们可以在欣赏文学的时候学习到相关的物理知识。

当孩子尝到了运用物理知识解决实际问题的乐趣的时候，就会愉快地、主动地投身于物理知识的学习中。

方法四：加强训练，掌握技能

要想学好物理，归根结底要落在训练上。孩子只有多加训练，才能掌握更多的解题技能。

通常，在物理学习中，要掌握两种基本的技能：一是用物理用语表述问题和规范书写物理公式、解题格式的能力；二是物理实验的基本操作能力。

物理用语是学习物理的语言工具，孩子上高中时也要用到，必须学好。物理用语中专用词、专用符号需要记忆。例如，每个物理量都有它的名称和表示它的字母；每一个物理定律都有它的陈述原则。这些内容都是有章可循的。比如，代表每个物理量的字母，多数都是用该物理名称的英文单词的第一个字母表示；物理规律或定律的陈述，一般都是条件式陈述或因果关系式陈述。灵活运用上述规律，正确使用物理用语，记忆物理概念，陈述物理现象或物理规律，孩子就无须死记硬背了。

物理公式的书写、物理计算题的解题格式，都要做到规范和熟练，它们是学好物理的基础。物理实验操作技能必须通过大量的亲自动手做实验才能熟练掌握，在掌握的基础上才能找到操作技巧。孩子在实验操作时要手脑并用，照章操作，要多向自己提问题，对每一个物理实验，首先要明白实验原理，明确操作方法和操作注意事项，这样才能不断提高实验操作能力和实验问题的辨析能力，逐步达到依据实验课题、提出实验原理、选择实验仪器、组装实验装置、设计实验步骤、通过实验操作得出实验结论的物理实验的学习要求。

化学——"课本"就是灵魂

化学是一门基于课本的学科，它的基础理论知识并不复杂，更多的是一些分散的知识点。但作为一门强调应用的学科，要想将这些化学知识在各种类型的题目中运用得游刃有余，这就要求孩子仔细研究课本中的基础理论以及各个知识点，力求全面掌握，不应有所遗漏，并且辅以高质量的习题，精心钻研，切实搞通。

很多在 8 年级初学化学的孩子对化学知识的零散与驳杂常常感到很头痛。为了帮助孩子养成良好的学习习惯，妈妈需要在以下几个方面指导孩子的化学学习。

方法一：基础知识一定要灵活记忆

初中化学是为高中阶段的化学学习打基础，考查重点在于对基础知识的掌握，虽然我们反对一味地死记硬背，但也绝不能忽视必要的记忆。例如，元素符号、物质的化学性质（如颜色、状态、溶解性等）、化学特性、元素的核电荷数、元素周期律、酸碱盐的相互转化等，均为必须记忆的知识。

初中化学知识点多，涉及面广，很多孩子就经常抱怨说，化学学得会，记不住。针对这种情况，妈妈可以教会孩子在理解的基础上通过归纳、类比等方法，形成概念体系，从而加深记忆，以提高孩子的学习效率。

方法二：重视实验

化学是一门以实验为基础的学科，实验对学生理解和巩固知识点、提高解决实际问题的能力都非常重要。实验题也是化学考试中的重头戏，在化学考试中，几乎每道题都反映出实验的内容。所以，妈妈应提醒孩子在学习化学时要重视化学实验，在实验中多动脑筋，这样，孩子的化学才会越学越活。

方法三：加强计算题的解题能力

计算题一直是初中化学考试中的难点，主要考查孩子的综合能力，一般包括元素质量比的计算、化学式的计算、溶解度的计算、质量百分比浓度的计算和根据化学方程式的计算等，虽然分数只占10%左右，但却是很多孩子得分率较低的部分。

这就要求孩子在平时的学习过程中一定要牢记化学概念，弄清楚各种化学反应之间的区别和联系。同时在做题的时候，要仔细审题，找对需要计算的关系，并且计算要仔细，不要因马虎而出错，尽量做到一题多解，举一反三。

方法四：紧密联系生活

化学测试中，化学知识与生活的结合应用，利用学过的化学知识解决现实中的问题，一直是非常重要、非常热门的一个考点。妈妈可以引导孩子将化学知识和社会热点问题结合起来。例如，在地震中使用的消毒剂、在雪灾中使用的融雪剂等都和化学知识有关，这样更能提升孩子学习化学的兴趣。

妈妈还可以从身边熟悉的现象入手，与孩子展开探讨，加强孩子对化学知识的理解。例如，学习二氧化碳时，妈妈可以和孩子一起上网查二氧化碳与人们日常生活的关系，搜索有关"温室效应"的知识。

方法五：学会归纳

妈妈要教会孩子在学完一个单元、一个章节后对所学的知识进行整理，使其系统化，这样也方便孩子对知识的整体记忆和对比。

例如，在学习元素化合物的知识时，由于初中共介绍了 5 种混合物、4 种单质、16 种化合物，孩子会感到量多面广，难以掌握。但是如果把这些分散杂乱的知识进行分类归纳，找出其中内在的规律和联系，形成知识网络，孩子学习起来就会简单很多。

文科学习——记忆力培养是关键

文科的科目包括政治、历史、地理。提到文科知识的学习，不论是孩子还是妈妈都知道记忆的重要性。有的妈妈甚至这样教育孩子："你要想学好文史类科目，没有别的选择，就是要硬背。"这样做的结果，往往是孩子还没有深入学习，就被妈妈的话给吓到了，以后也就止步不前了。

其实，对于掌握了学习方法的孩子来说，文科的学习是非常轻松而有趣的。因为文科知识都比较形象化，富有故事性，与现实生活的联系也比较多，孩子更容易理解。但是，难点在于文科知识博大繁杂，需要记忆的东西太多。比如，地理上的山川河流，历史上的年份和对应事件，这些常常让孩子感到很头痛。这就需要妈妈赶快行动起来，为孩子收罗一些实效便捷的文科学习方法。

方法一：想要倒背如流，理解是关键

文科的关键是背诵，而背诵的关键是理解。理解的程度决定背诵的速

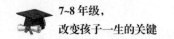

度与质量。只有理解之后，才能背诵得又快又准，答题时，才能运用自如。为此，妈妈应该启发孩子，不要总是停留在知识的表面，而是要深入思考。

一个妈妈在孩子学了中国古代史之后，提出了这样一个问题：各个封建王朝的灭亡有没有什么一致性的规律呢？孩子查阅了一些资料，然后对妈妈说："一般被推翻的末代皇帝都是生长在宫闱之中，不像开国皇帝那样能征善战、经验丰富。还有，他们的生活比较富裕，只知享乐，不知民间疾苦，不但不爱护百姓，反而肆意剥削他们，这样百姓自然就不会拥戴他们了。"

妈妈笑了，说："对啊，生于宫闱，长于妇人之手的小皇帝一般都比较懦弱，没有经过磨炼，对百姓的疾苦与诉求也不了解，自然不能承担起治理国家的大任了。但是你想想，是不是有一些皇帝也是个例外呢？"孩子想了一会儿，说："我想起来了。康熙皇帝也是生于皇宫，但他还是比较有作为的。"

虽然只是从皇帝自身的角度去思考王朝的更迭有些狭隘，但是孩子还是通过认真思考揭示出了一些皇朝倾覆的部分原因，这就是他的进步。为此，妈妈要善于启发孩子，诱导他们找出学科中的规律，这样孩子记忆起来才不会枯燥乏味。

方法二：引导孩子掌握记忆的技巧

即便是理解得很深刻的知识，过了一段时间仍然会遗忘，这是由人的生理功能决定的，所以要想长久地记住相关知识，最好的方法就是根据大脑的记忆规律来安排学习和复习。以下几种记忆方法，妈妈可以参考一下：

1. 形象记忆法

很多时候，我们常会有这样的体验：如果只是记一句话，过不了多久就会忘记；但是如果在记这句话的时候，能够将其与某些相关的图片或故事联系起来，这样不仅很容易就能记住，而且还记得持久，这就说明形象化的知识容易识记。为此，妈妈可以根据这个规律，让孩子在联想的基础上进行形象化的记忆。

例如，对清朝疆域的记忆，可以在图上勾出来，并设计成"米"字形，按顺时针方向记忆。这样孩子就可以简单记忆一个比较复杂的疆域图了。

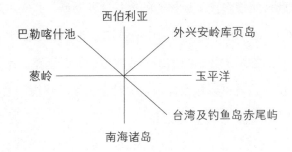

2. 分类记忆法

一般来说，由于文科涉及的知识点繁多、分散，很难找出其中的规律，所以孩子在记忆时极易混淆。为此，妈妈可以帮助孩子将知识点按一定的方式进行分类，这样可以更好地加深记忆。这种方法可以使孩子养成对事物进行分析、归纳和综合的能力。

例如，在复习地理知识时，可以编制图表，依据不同的项目对知识进行分类，可以按位置、地形、气候、河流、经济、城市、交通等对不同的城市进行列表对比。这样一方面可使知识系统化，另一方面又可在比较中加深对地名的记忆。

方法三：文科答题有技巧

在文科考试中，论述题所占的比例往往很大，可是很多孩子因为不注意答题技巧，无谓失分的情况也很严重，这就有些可惜。所以，妈妈要教给孩子一些文科答题的技巧。

　　首先，审题非常重要。审题时要仔细认真，看清题目，查找出主要考查的知识点。有的孩子平时特别急躁马虎，一看题目有自己学过的知识，不管三七二十一就答了试卷，结果成绩出来后才发现，自己因为理解错了，所以答错了。妈妈要帮助孩子克服这种急躁马虎的心态，在平常的课外训练中，要求孩子认真看题，直到把题目分析明白了，才可以做题。

　　其次，抓住知识点，学会答题。文科考试中最能拉开分数差距的就是后面的主观性试题，而很多孩子最担心的也是这种题型。其实主观性试题的解答也是有技巧的，孩子在平时的学习中应该注意进行同类题型的比较和分析，找出相同点，总结答题步骤，归纳出一些典型的答题套路。比如，地理学科中分析工业区位时，就可以从自然因素、社会因素、环境因素等方面作答。

　　最后，答题要逻辑清晰，字迹清楚。文科答题的一个标准就是要在每段的第一句话中交代知识点，后面再加以论述，有几个知识点就要分几段论述，最后还要有个总结。如果孩子在答题时能做到条理清楚，让老师看到每段的第一句话，就是抓住了得分点。同时，在答题时还要注意字迹工整、卷面整洁。卷面好比一个人的脸面，令人赏心悦目的试卷既尊重愉悦了老师，同时也能获得更多的得分机会。

理科学习——多思勤练，灵活运用

　　理科包括数学、物理、化学等科目。理科学习强调的是逻辑性的锻炼，虽然很多知识看上去与生活相距甚远，但理科知识却是生活现象的升华和抽象。对于这些学科，孩子大多是在初中阶段才初次接触，除了新奇之外，也会感到十分陌生。妈妈应该在这个重要阶段给孩子以指导，帮助他顺利地渡过这个关口。

　　很多妈妈都听过这样一句话："文科靠死背，理科靠题海。"说明要想学好理科，做题最重要，其实这句话只说对了一小部分。孩子要想在理科科目上取得好成绩，不光要多练，还要多思考，灵活运用所学到的知识点。

所以，妈妈应该了解一下理科的学习规律和方法，教孩子一些正确的学习方法及技巧。下面就是几条建议，可供妈妈参考。

方法一：兴趣是理科学习的第一要素

人们常说，在所有有助于学习的因素中，兴趣无疑是妈妈应该优先考虑培养的。兴趣是最好的老师，孩子只要对某件事情有兴趣，就一定能用心学好。但是，妈妈又该怎样培养孩子学习理科的兴趣呢？

为此，妈妈可以将学科知识与生活现象相结合，这样既培养了孩子解决问题的能力，又拉近了孩子与抽象的理科之间的距离，从而让教材上的知识看得见、摸得到，时间长了，孩子的学习兴趣自然会越来越浓厚。

生活中，我们经常会看到一些隔热、隔音玻璃，而且它们都会采用双层玻璃。这是为什么呢？因为双层玻璃中间有一个空气层，而空气具有不易传热的特性，这样一来，就起到了保温和隔热的作用。其实，生活中的科学现象还有很多，当孩子认真思考并找出其中的原因时，就会觉得理科是一门有趣、有用的学科了。

方法二：重视基础，从最基本的课本知识入手

理科与文科不同，知识内容并不零散，而是有一根线贯穿，非常讲究逻辑，理科知识有一种前后相继的关系，只要学好了前面的基础知识，自然能在此基础上学会更加深奥的定理。于是，一个个看似简单的公式、定理和概念支撑起了看似复杂的科学理论。所以，理科学习一定要重视对基础知识的理解和巩固，孩子在学习中要多看课本，从最基本的课本知识入手。

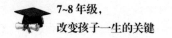

方法三：多思勤练，熟悉知识体系，熟练解题技巧

孩子要想学好理科，大量有针对性的训练是必不可少的。要知道很多的解题规律和思维方式都是在大量的训练中总结出来的。但训练也不是越多越好，而是要分层次、有重点、有针对性地进行。而做训练的另一个目的就是要形成学科的知识体系和解题的技巧体系。

当知识体系形成之后，不同部分的知识就能联系起来，成为一个整体。当孩子要解决某一个具体的问题时，就可以在大脑中搜索相关的问题。这样，经过长期训练之后，碰到某一问题时，与此问题相关的知识就会自动出现在大脑里，与此问题无关的知识就被自动排除。考试时，孩子就能很快地想到某一问题的相关知识，还可以把一些其他类似的、有联系的解题技巧运用到这道难题上。

方法四：养成良好的听课习惯

很多妈妈开完家长会回来，都会听到老师反映关于孩子不会听课的情况。的确，很多理科成绩不好的孩子的主要问题就出在不会听课上。孩子的学习离不开老师的传授和指导，认真听课可以让孩子在学习中少走弯路，是孩子顺利学好理科知识的前提保证。

为此，妈妈要指导孩子做到课前认真预习，课上积极主动地学习老师讲授的知识，大胆回答老师提出的问题，不要怕暴露问题。暴露问题是好事，只有发现问题，才能更好地解决问题。

理科是循序渐进、累积性很强的学科，所以妈妈应引导孩子把听课的精力集中在理解上而不是记忆上。只有经过孩子自己认真地思考和分析，才有助于培养他们独立思考和解决问题的能力。如果一遇到问题，马上想找老师来解决，只会弱化孩子的独立思维能力，这样他们在考试时一旦遇到疑难问题，就会缺乏自信。

同时，孩子还要牢记老师在课堂上所讲的一些经典例题。因为这些经典例题非常有代表性，老师在讲解过程也非常注重知识的灵活运用，经常是一题多解、一题多思、一题多变。

最后，妈妈要督促孩子做好课堂笔记，根据自己的学习情况和对知识的理解程度，有针对性地、突出重点地做好听课笔记。

第四章

掌握学习技能，让孩子高效学习

学习作为孩子成长中最重要的事情之一，也是让很多孩子和妈妈都头疼的一个问题。7~8年级，正是孩子学习能力的爆发期，在这个阶段妈妈要有意识地培养孩子的学习计划能力、记忆能力、专注力以及阅读能力。这些能力的培养不但可以促进孩子学习成绩的提高，而且也为孩子人生发展奠定基础。

学习很有趣——如何让孩子爱上学习

苏联教育家苏霍姆林斯基以自己丰富的教育实践经验为依据，明确肯定"学习兴趣是学习活动的重要动力"，并指出"教育的基础任务是坚持不懈地发展孩子对学习的真正满足感，以便由此产生和确立热切希望学习的情感状态"。

据调查显示，对学习有浓厚兴趣、自觉性强的学生，大都注意力集中、肯动脑筋、爱提问题、能按时完成作业。而那些缺乏学习兴趣的学生，学习上往往很被动，学习不专心，敷衍了事，遇到困难易产生消极情绪，把学习看成一种负担。当一个孩子对一件事情没有丝毫的兴趣时，如果父母一味地强制他们去学，将会扼杀他们的求知欲望。

培养孩子的学习的兴趣，不仅能让孩子化被动为主动地学习，并且还能够对孩子的长远发展产生持续性的影响。孩子的学习兴趣并不是生下来就有的，是靠后天的培养和引导得来的。两千多年前孔子就提出："知之者不如好之者，好之者不如乐之者。"科学家爱因斯坦也说过："热爱是最好的老师。"

那么，父母怎样才能培养孩子的学习兴趣，让他喜欢上学习呢？

1. 精心呵护孩子的好奇心，引导孩子的求知欲望

菁菁非常喜欢花，从小就是个"花痴"，见了漂亮的花朵就不走了。她时常感叹：大自然真神奇啊，居然有这么多不同颜色的花朵！有一次去公园，菁菁又大发感慨，妈妈问她："你知道为什么花会有不同的颜色吗？即便是同一种类的花，颜色也不一样。"菁菁睁大眼睛好奇地问："为什么呢？"妈妈说："这是因为花中含有一种花青素，它会在不同的酸、碱度环境下呈现出红、黄、蓝等各种颜色。而各种植物的花朵内酸碱度含量也不同，花朵的颜色也会不同。以后你学化学时，就知道了。"菁菁惊讶地说："真的啊？化学书上有介绍吗？"妈妈说："当然了，化学书上还有很多比花青素还神奇的东西呢！"菁菁听了妈妈这样说，很期待赶快学习化学。在后来的学习中，菁菁对化学一直很感兴趣，成绩非常好。

好奇心是孩子学习兴趣的源泉。每个孩子都会有好奇心，面对孩子提出的问题，父母应该耐心地用孩子能够理解的通俗易懂的话语来解答，也可以引导孩子去看一些书籍。此外，父母还可

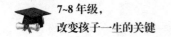
以经常有意识地引导孩子到大自然中去观察一些自然现象，从而
开阔孩子的眼界，丰富孩子的知识，提高孩子的学习兴趣。

2. 让孩子感受到学习是一件快乐的事情

父母应该让孩子感受到学习是一件快乐的事情，只有快乐的事情，才
能激发孩子的兴趣，才能养成自觉学习的良好习惯。父母首先要正确引导，
让孩子们在学习、探索中发现乐趣。其次，对孩子的进步要给予肯定和表
扬，要全面客观地评价孩子。再次，要及时给予鼓励，给孩子前进的动力。

3. 为孩子创造一个愉悦的学习环境

研究发现，人在轻松愉快的情绪下学习，比在压抑烦闷的情绪下学习，
效率要高出 20% 以上。因为心情好时大脑处于积极主动的接收状态，信息
的吸收量大，记忆的有效性高；当心情不好时大脑处于自闭或半自闭状态，
信息接收吸纳的效率低，甚至心猿意马时大脑根本接收不到。所以父母不
要用唠叨、批评、训斥等教育方式影响孩子学习的心情，而是要引导孩子
学会自我调控、自我释放学习过程中产生的情绪。

为此，父母要努力营造一个民主、和谐的家庭环境，让孩子在愉悦的
环境中学习，这样他才会产生主动学习、主动探索知识的兴趣并养成良好
的学习习惯。

4. 培养孩子的兴趣要循序渐进

学习是个循序渐进的过程，父母要引导孩子从易到难，让他逐步体会
到成功的乐趣。在培养孩子的学习兴趣时，最怕的是孩子遇到挫折，这样
他的兴趣就会下降，有些甚至产生厌学的心理。这时候父母不要急于求成，
急功近利，只有一步一步引导孩子前进，才能激发他继续向前攀登的斗志。

学习计划——让孩子学会自我管理

很多妈妈经常有这样的经历，孩子放学回家后，看上去好像是在学习，但实际上却不知道他在做些什么，一会儿翻翻语文书，一会儿打开数学练习册，一个晚上就在这样的翻翻看看中过去了。

和老师交流后，妈妈会发现孩子不仅在家这样，在学校也是如此。有时候孩子做完老师的随堂练习后，就不知道该干什么了。还有的孩子认为自己完成了作业就万事大吉，就开始和同学闲聊，看课外书或是走神儿。孩子之所以会有这种"随遇而安"的学习态度，主要原因是孩子在学习上没有计划性，没有一定的学习计划"督促"他们。

小学阶段，孩子的学习方法以及老师的讲课方式基本离不开"重复"这个原则，这是由小学阶段的学习内容以及孩子的接受能力决定的。小学阶段是孩子打基础、培养学习兴趣的阶段，学习内容不会太难，不管是老师授课的时间还是学生巩固知识的时间都十分充裕。因此，小学生在第一遍没有听懂或是没有完全掌握知识的情况下，还会有很多时间重新学习，也就没有制订学习计划的必要性，只要跟着老师的教学步骤走就足够了。

但是孩子升入初中以后，随着学习科目的增加，学习任务的加重，学习难度的增大，老师授课的时间也越来越紧张。为了取得更好的学习效果，提高学习效率，孩子就必须在有限的时间内最大限度地消化知识。为此，孩子需要平衡好提前预习、课堂听讲以及课后复习等各个环节所需要的时间，这种情况下只有制订合理的学习计划，并将这些环节明确下来，才能让学习有条不紊地进行。

可以说，在初中阶段，妈妈注意培养和提高孩子的计划能力，不仅能够减少学习的盲目性，使学习步入一个有条理的良性循环之中，而且还可以让孩子养成一种凡事做计划的习惯，培养做事的条理性。其实，生活中很多成绩非常好的学生，不管是在学习上还是在生活上都有着良好的计划性。

　　陆路的爸爸妈妈在学习上从来没有给过他任何压力，也没有像别的父母那样，如果孩子不考到一定的分数就要惩罚孩子，或是逼迫孩子上一些辅导班，也没有给他规定过学习任务和学习计划。他们总是最大限度地信任和支持孩子，让陆路自己做主，制订适合自己的学习计划。

　　陆路在生活方面极具计划性，日常作息也很有规律，每一件事都会在他的计划下安排得井井有条。不仅如此，陆路在学习上也会给自己制订比较完整的学习计划，而且他的学习计划还做得非常详细。比如，晚上 8:00~8:50，预习第二天的代数；9:00~9:30，背诵英语课文；9:40~10:00 做历史练习题。

　　一直以来，陆路都能坚持按照自己制订的学习计划安排日常的学习和生活，而且陆路每隔一段时间还会对自己的学习计划进行总结和调整，使学习计划更适合自己以及学科特点。

　　虽然有的孩子也会自己主动或是在父母的协助下制订学习计划，但是往往坚持不了一周的时间，就会自动放弃。之所以会出现这种令人失望的结果，一是因为学习计划制订得不合理，二是因为孩子没有真正地去执行这个学习计划。

　　对于 7~8 年级的孩子来说，制订出一份完整的、适合自己的学习计划并不容易。因此，为了帮助孩子尽快地适应初中阶段的学习，妈妈要帮助孩子全面客观地审视自己，并提醒孩子要根据学科特点去制订学习计划。

　　那么，怎样才能制订出一个完整的学习计划呢？一般来说，一个完整的学习计划应该包括以下几方面的内容：

　　1.学习目标要明确

　　学习目标一定要针对孩子目前的学习水平，既要有单个学科的学习目标，又要有整体的学习目标；不仅要有阶段性的目标，还要有长远的目标。

无论是大目标还是小目标，无论是长远目标还是短期目标，都要符合孩子的实际情况。学习目标不能定得太高，否则会影响孩子的情绪；不能定得太低，否则会使孩子失去学习的动力。总之，这个学习目标应该是经过一段时间的努力能够达到的目标。

2. 体现目前学习阶段中存在的问题

在帮助孩子制订学习计划之前，妈妈要清楚孩子在目前这个阶段存在的一些问题。比如，孩子在哪一方面的表现比较欠缺，哪一科目需要较大提高，哪一项是本学期必须解决的问题。针对这些具体情况，决定孩子学习计划中的内容，决定孩子的时间分配，这样才能做到有的放矢。

3. 制定详尽的学习任务表并坚持执行

7~8 年级的孩子虽然有了一定的自觉自律意识，但是他们的自控以及自我约束能力并没有达到很高的程度，再加上他们正处于青春期，情绪非常容易受到影响，抵制诱惑的能力也不足，这使得他们在执行学习计划上很难贯彻始终。

比如，有的孩子一开始对学习计划表现出极大的信心与斗志，在刚开始的一个星期，能够严格、自觉地按照学习计划学习。但是一个星期过后，他往往就会说"今天先玩儿一会儿，错过的那些学习计划明天再补上也可以"。妈妈见孩子这样说，觉得孩子上个星期表现不错，而且也确实太辛苦了，于是就同意让孩子休息一下。但是因为有了第一次就会有第二次，孩子慢慢地就会变得懒散。

俗话说，"无预则事不立"。一个好的计划可以促使事情按照既定的目标去发展。一个好的学习计划也是提高学习效率的保证。但是，再好的学习计划，如果不去执行，也是一纸空文，不会起到任何作用。大部分学生的学习计划之所以没有发挥出一定的作用，都是在"执行"环节上出现了问题。为此，妈妈要协助孩子制定一张详尽的学习任务表。所谓"详尽"，就是要针对一个星期或是一天的时间安排决定自己在每个时间段做什么。

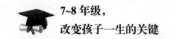

当孩子把一天的时间基本上安排好以后，就可以督促自己按照这个时间表去执行每一步的计划。

需要注意的是，学习计划不能订得太死，否则很容易让孩子对学习产生一种沉闷感，影响执行效果。同时，妈妈在孩子执行学习计划的细节上也要给他提供一些建议。比如，上课要认真听讲，认真做笔记；作业尽量在学校写完，晚上放学回家后要主动看书预习；每个周末做一次小总结，每个月做一次大总结。

如何记得更快、更多、更牢

对于 7~8 年级的孩子来说，随着学习科目的增多，学习内容的增加，需要掌握和记忆的知识点也越来越多，即使像数学、物理、化学这些科目也会有大量的公式、专业名词需要理解和记忆。因为只有更好地记住这些公式，才能加快做题的速度，让所学的知识形成系统。

从某种程度上说，记忆能力直接影响着一个孩子的学习能力。记忆方法是学习能力的关键因素，而好的方法能让孩子记得更快、更多、更牢，当然也有助于提高孩子的学习成绩。

科学研究表明，人脑的记忆能力是非常强大的，但是记忆也需要一定的方法，而且记忆也有一个遗忘的规律。因此，必须使用一定的方法才能记得又快又牢。

我国古代著名史学家、《史记》的作者司马迁小的时候记忆力很弱，背诵四书五经对于他来说就十分困难。先生考查他背诵的时候，他经常是丢三落四，背不完整。当他发现自己在记忆方面的弱点时，就专门加强记忆训练，抓紧一切时间进行背诵练习。这样，经过一段时间的努力和训练之后，司马迁的记忆能力有了很大的提高，再后来，文史经哲，各种知识在其大脑中融会贯通，这也为他日后成为大史学家创造了条件。

那么，妈妈应该如何引导孩子增强他们的记忆能力，让孩子将知识记得更快更牢呢？

方法一：记忆时一定要集中注意力

注意力集中是加快记忆并且让记忆更加牢固的一个重要条件。当一个人排除杂念，聚精会神、专心致志的时候，大脑皮层就会留下深刻的记忆痕迹而不容易遗忘。如果一个人总是精神涣散，一心二用，就会大大降低记忆效率。对于7~8年级的孩子来说，由于知识容量及难度增大，影响孩子注意力的各种诱惑也越来越多，再加上学习兴趣欠缺，所以有些孩子的注意力往往很难集中。

因此，当孩子进行记忆时，妈妈一定要给孩子创造一个安静、适合记忆的环境。妈妈平时要多注意和孩子沟通，及时解决孩子心中的困惑，不要让太多的烦心事儿扰乱孩子的情绪。另外，妈妈还应该教会孩子一些调节、控制情绪的方法，让孩子有意识地控制自己的情绪，从而更好地集中注意力。

在具体的学习过程中，妈妈要让孩子明确自己的学习目标，使其对学习产生向往和追求的愿望，这样孩子才能主动地学习，并且用坚强的意志与外界的各种干扰做斗争，逐步提高记忆效率。

方法二：保持浓厚的兴趣

兴趣对于提高记忆力能起到很大的作用。在生活中我们都有过这样的体验，对于那些感兴趣的材料以及比较轻松的内容，记起来就会比较牢固，而对于那些不感兴趣或是索然无趣的材料，则需要花费很多时间、下很大功夫进行机械般的记忆才能有效果。

为此，妈妈平时要培养孩子广泛的兴趣爱好，避免孩子对某一领域或

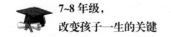

是某一学科产生偏见，让孩子带着探究的心去学习各种知识，这样孩子的记忆能力自然会得到提高。

方法三：理解记忆

理解是记忆的基础。只有理解了的东西才能记得更牢、记得更持久。没有理解的东西，完全就是死记硬背，这种机械的记忆方式不仅浪费时间，而且很容易遗忘，就算是背下来了，孩子也不会运用，自然也无法真正掌握知识和提高学习成绩。尤其是数学、物理、化学等理科科目，妈妈更应该让孩子首先要对知识有一个真正的理解，才能更好地记忆。

以历史知识为例，为了帮助孩子更好地理解、记住所学的知识点，妈妈可以在孩子已经掌握的历史知识的基础上，对历史现象、历史事件、历史结论多问几个为什么，并引导孩子找到知识点之间的内在联系和规律，在此基础上培养孩子"史论结合"的能力。

方法四：复习是巩固记忆的重要方法

任何记忆都是会遗忘的，遗忘和记忆一样都是人脑的功能，因此经常对所学的知识进行复习是非常有必要的。遗忘的速度往往是先快后慢，对于刚学过的知识，孩子要趁热打铁，及时温习巩固，这是强化记忆、防止遗忘的有效手段。同时，妈妈还要引导孩子经常回忆以前记忆的内容，这样可以使记忆中的错误得以纠正，弥补遗漏，从而把学习内容中的重点、难点记得更牢固。

方法五：充分调动人体的各种感官加强记忆能力

学习是一项超强度的脑力活动，要做到心到、口到、眼到、耳到、手到，这样才能将知识点记得轻松而牢固。这就要求孩子充分调动身体的各种感觉器官为记忆服务。

另外，由于人在感官方面的能力是不一样的，如果你的孩子在视觉方面比较敏感，那就多进行视觉记忆；如果你的孩子在听觉方面比较敏感，那就多进行听觉记忆。当然，也可以同时利用语言功能和视觉、听觉器官的功能来强化记忆，以提高记忆效率。这比单一默读的效果要好得多。

此外，科学用脑也是提高记忆效率的重要保证。妈妈平时要保证孩子一日三餐的营养搭配、合理休息，鼓励并引导孩子积极进行体育锻炼，同时让孩子保持积极、乐观的情绪，这些生活细节都能提高大脑的工作效率，从而提高孩子的记忆力。

拥有专注的心灵力量

潘禹是一名中考状元，而他之所以能一举夺得状元的桂冠，也绝非偶然。当低年级的学弟学妹向他取经，询问他的学习经验时，潘禹表示自己并没有什么"成功秘籍"，但是他认为自己能够一直把成绩保持得不错的根本原因在于自己的专心和专注。

在学习上，潘禹自称是一个"懒学生"，他从来不会进行题海战术，也没有参加过各种辅导班、培训班。因为"懒"，潘禹就更加追求学习效率。潘禹是班上听课最认真的学生，其实老师课上讲的知识，潘禹基本上都已经掌握了，但是潘禹还是会认真地听老师讲课。他说听老师讲课可以再一次巩固已经掌握的知识点，而且有的知识只是在一定程度上掌握了，再听老师完整细致地讲几遍，可以纠正自己的一些不正确的思路，还可以获得很多其他方面的启发。因此，潘禹在课上都会十分专心地听讲。

不仅在课堂上，潘禹在自学时也是如此。对老师布置的作业，他都会认真完成，而不是像有的学生那样，自认为已经掌握了所学的内容，对课后练习及作业就会采取敷衍的态度。潘禹遇到自己不会的难题也不会轻易放弃，通常他会先复习一下课本，仔细思考，然后和同学一起讨论，如果还是不能解决，就找老师帮忙。

对任何一个知识点，潘禹都会用心去理解和记忆，还会独立思考，直到完全掌握该知识点。正是因为潘禹对每个学习细节都能做到专心对待，这使得他的学习效率非常高，不用花费大量的时间和精力搞题海战术，且成绩一直很优秀。

教育家蒙台梭利说："最好的学习方法就是让学生聚精会神学习的方法。"这位教育家认为学习时具有专注的态度比知识本身还重要。上课时要集中注意力认真听讲，看书时要聚精会神，做作业时要专心致志、心无旁骛，这是学习效率高的重要保证。

良好的专注力是孩子学习的有力保障，但是现实生活中我们经常会注意到有些孩子尽管做了很大的努力，但是仍然无法集中注意力。看书的时候，明明已经看了半天，但是半页书都没有看完；听课的时候，45 分钟的课堂听讲完全进入学习状态的时间不足 10 分钟。长此以往，不仅无法掌握书本知识，而且学习成绩也会出现下滑。

注意力不集中、专注力不够是很多孩子在学习上都存在的一个难题，也是多数学生所渴求解决的一个难题。在初中阶段，影响孩子集中注意力的因素会大大增加，一方面，孩子面对的诱惑越来越多；另一方面，处于青春期的他们，无论是生理上还是心理上都会经历一些重大的变化，这些变化很容易导致他们难以集中注意力，甚至还可能会因为一点点小事影响到他们学习的心情。

7~8 年级的孩子在学习时需要有专注精神，需要不断提高自己的注意力，这是高效学习的最根本保证。那么，怎样才能让孩子的注意力高度集中并保持稳定呢？

方法一：学习要定量

培养孩子在规定的时间内分阶段地完成学习任务，如果孩子能够专心地完成学习任务，父母要给予孩子适当的鼓励，让他感觉"我能集中注意力做好一件事"，从而增强孩子的自信心。随后父母可以给孩子安排一些休息时间，然后再以同样的方式让孩子完成接下来的学习任务。另外，在孩子做题的过程中，还可以要求他们把题目的要求、条件用笔勾画出来，以免走神儿出错。

方法二：提高孩子抗干扰的能力

一个人的注意力能否集中、稳定，与其抗干扰能力的强弱有着直接的关系。比如，如果一个人习惯于在安静的教室中看书，这时有人突然在教室外说话，他很可能就会出现注意力不能集中的情况。

为了尽量排除各种干扰，妈妈应该教孩子尝试充分调动身体的各种感官，从而更好地集中注意力。很多孩子都有过这样的感觉，当你认真听讲、积极思考或是认真做笔记的时候，肯定是动脑动手又动耳动眼的时候，这时你的注意力才是最集中的。相反，有的孩子虽然乖乖地端坐在教室听课，但是全程没有自己思考；有的孩子只顾自己的想法却忽略了听讲，或是忘了记笔记，这两种做法都会影响听课的效果。

另外，为了提高孩子的抗干扰能力，妈妈还可以帮孩子做一些这方面的训练。比如，让孩子尝试在嘈杂的环境中看书，用自己的意志和毅力坚持下来，长期训练之后，孩子就可能对这种环境形成免疫，达到"闹中求静"的境界，很多伟人在求学时都对自己进行过这样的训练。

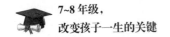

方法三：一次只做一件事

人的注意力是有限的，当你把自己的注意力分配在性质不同的事情上时，就会严重消耗注意力的有效性。对于 7~8 年级的孩子来说，由于他们的注意力正处于发展阶段，同时进行多件事情，极易损害注意力的有效集中。

为此，当孩子做作业的时候，就不要放音乐，或是打开电视机，为孩子营造一个有利于集中注意力的家庭学习环境，自然能在无意中培养孩子的注意力。

阅读是智慧之源

阅读是人一生的事业，进行阅读最好也是最多的时期就是学生时代。在这个阶段，不仅孩子阅读的时间充裕，而且阅读也与他们的学习紧密相关。学生时代的阅读，不仅是获得知识的主要途径，也是提高成绩的需要。7~8 年级的孩子对书以及知识往往有着强烈的渴望，他们自觉地或是因为学习任务而进行的阅读量是非常惊人的，产生的效果也是惊人的，可以说学生时代的阅读将影响孩子的一生。

受孩子知识水平、智力水平等主客观因素的影响，小学阶段孩子的阅读以浅阅读为主，阅读的内容也比较简单，再加上这个阶段的学习任务较轻松，阅读对孩子学习成绩的影响也没有那么明显。可是到了 7~8 年级，随着孩子理解能力以及接受能力的增强，他们渴望接触到各种不同的知识，而阅读就是一个非常好的方法。

7~8 年级很多成绩优秀的孩子，大多数都很喜欢看书，他们的阅读范围也非常广泛，从古典名著到流行小说，从国外的报刊到国内的现代文学，从文学到历史，他们都有涉猎。他们读书并不是被逼迫的，也没有时间限制，随时随地都可以进行。那么，妈妈该如何帮助孩子提高阅读能力呢？

方法一：掌握常用的阅读方法

做任何事情都需要掌握一定的方法，阅读也是如此。如果妈妈能帮助孩子找到适合的阅读方法，可以大大提高孩子的阅读效率，达到事半功倍的效果。这里介绍几种常用的阅读方法，妈妈可以结合孩子自身的情况灵活运用。

1. 精细阅读法

这种阅读方法就是要阅读人反复熟读、仔细咀嚼、透彻理解、抓住精髓，融会贯通，把书本上的知识真正吸收变成自己的知识，甚至形成新的思想。这种阅读方法很适合中学生课内书的阅读和学习。很多成绩优秀的学生都是采用阅读五遍法，即每篇内容都要阅读五遍，从浅到深，由表及里，从外到内，将知识吃透学透。

2. 厚薄阅读法

这是一种读与删相结合的方法。它要求孩子在阅读过程中把求全与求精有机结合起来，既要有量的增加，又要对知识进行提炼深化。在阅读过程中，通过做注解、做分析、查询相关资料，先把薄书读厚，这其实就是一个学习、接受以及记忆的过程，同时也是积累知识的过程。

当孩子将书读厚之后，还要学会将书读薄，也就是要对读物进行深入理解，将内容进行归纳、综合以及概括，从而抓住书中精要和最本质的东西。

3. 全方位、多角度阅读法

7~8 年级，正是孩子扩大知识面、培养兴趣爱好的关键时期，因此妈妈一定要引导孩子多角度、全方位地阅读书籍。另外，现在的中考考试内容也涉及多方面的知识。比如，在对说明文的考查中，出题者多以自然与科技方面的内容命题，这其中就会涉及一些简单的专业知识的题目，而稍有这方面积累的同学就能轻易拿到这类题目的分数，而缺乏知识积累的同学只能遗憾地丢分。

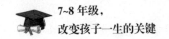

方法二：做好读书笔记

鲁迅先生提出，读书要"眼到、口到、心到、手到、脑到"。因此，读书一定要动笔，这样才能帮助你消化所学的知识，掌握书中的难点、要点以及精华。可以说，读书动笔，既是存储资料、积累素材的要求，也是提高孩子的综合分析能力、扩大知识面的方法。

但是，做读书笔记也有一定的方法，不能"三天打鱼，两天晒网"，也不能乱抄书、盲目抄书。那么，妈妈又该帮助孩子如何做好读书笔记呢？一般来说，可以参考以下 5 种形式：

1. 批注式

在阅读书籍或是报刊时，为了加深理解，可以把书中的重点语句和重要内容用圈、点、线等标记出来，或在空白处写上批语、心得体会或是夹纸条做记号，这是一种非常简单的做阅读笔记的方法。

2. 摘录式

在阅读过程中，孩子将自己认为书中比较好的语言段落或重点内容完整地摘录下来，这也是积累材料的重要方法。

3. 心得式

孩子在阅读完某篇文章或是某本书籍后，可以将自己的心得体会认真地写下来。这种心得式的笔记，最好以自己的语言为主，这样才能写出真情实感，当然也可以适当地引用一些原文作例证，从而更好地表达自己的看法。

4. 提纲式

把一篇文章的要点，按照文章的段落层次，用简明扼要的语言总结出来，孩子既可以使用原句，也可以用自己的语言。提纲宜分行排列，一定要条理清晰。通过写提纲，孩子就可以把握全文内容。

5. 书签式

在平时读书时，孩子可以多准备一些空白的书签，把书中的主要内容写在书签上，随时阅读。等整本书全部看完之后，还可以把书签整理成册，再进行阅读，这样可以帮助孩子更好地记忆内容。

方法三：让孩子具备快速阅读的能力

7~8年级的孩子在学习中一定要具备快速阅读的能力。快速阅读是这一阶段孩子心智发展的要求。随着孩子理解能力和接受能力的提高，这就为快速阅读提供了可能，同时快速阅读能力的提高也会促进孩子的理解能力和接受能力。可以说，孩子一旦掌握了快速阅读的能力，对其提高阅读效率以及学习效率都是非常有帮助的。

那么，妈妈又该如何帮助孩子提高他的快速阅读能力呢？一般来说，快速阅读有以下3种方式：

1. 跳跃式阅读

对于一些不了解的新书，妈妈要教导孩子不要拿过来就从第一页开始翻，而是先看看书名、作者、编者的话和关于作者的说明，然后浏览目录，阅读内容提要、前言或是后记，最后以跳读的方式大体翻阅全书，并注意书中章节始末的小标题，这样就大体地了解了这本书的内容，然后再决定这本书是否值得自己花时间精读。

2. 扫描式阅读

扫描式阅读，即在阅读时视线要垂直移动，有意识地"瞄准"重要字词，也就是平时所说的"一目十行"。孩子通过快速阅读的练习，能够很快地抓住关键词语，理解句子的意思。

3. 组合式阅读

组合式阅读，即群读。这种阅读方法要求一组组地看内容，而不是一个字一个字地看。孩子要想做到群读需要经过不断的训练才能达到。比如，妈妈可以找一篇简单易懂的文章帮孩子进行群读训练，让孩子一次"扫视"3~5个字，经常进行这种训练，阅读速度就能大大提高。

第五章

优化学习环节，提高学习成绩

学习是一个完整的过程，由很多关键环节组成。7~8年级的孩子，在学习过程中都要经历预习、听课、做笔记、复习以及练习这些环节。只有认真对待学习中的各个环节，让每个环节都发挥其应有的作用，统筹兼顾，孩子才能提高学习的效率，巩固学习效果。

预习——学习要做好提前量

所谓预习，是指在老师讲课之前，先自学新课的内容，对知识进行初步的理解，这样在课堂上才能更好地吸收消化知识。预习是一种良好的学习习惯，是获得新知识的重要手段，也是为接受新知识做好准备的学习环节。能够把握好预习这一环节的学生，在接受新知识上都会领先其他学生一步。

预习的直接作用表现在课堂学习的效果上，而课堂学习在整个学习过程中有着举足轻重的作用。上课学习新知识的时候往往会联系到旧的知识，如果孩子对旧的知识掌握得不牢固，就会成为这节课的知识障碍，阻碍新知识的学习。如果孩子在课上翻书去"扫除"这些知识障碍的话，肯定会来不及，也影响自己的听讲。因此，上课途中解决知识障碍是行不通的，只有通过预习才能更好地解决这些问题。

同时，预习之后再去听讲，孩子上课的积极性和目的性往往会比没有预习时要强。虽然预习的时间总是有限的，而且预习也并不能做到事无巨细、面面俱到，但是通过预习，孩子可以知道哪些知识点自己已经掌握，哪些知识点自己掌握得还不是很好，这样上课时再经过老师的讲解和启发，对新知识的领会就可以进入到更高的境界，而不仅仅是停留在听懂的程度上。

另外，预习还可以让孩子更好地集中精神，有足够的时间做笔记，并且笔记也会做得全面、完善。很多学生看似很认真、很勤奋，老师写在黑板上的板书都要记下来，可是很多内容在课本上都已经写得很详细了，就是因为没有预习，孩子不知道课本上有此内容，所以盲目地记笔记。预习过的孩子，则会着重记下课本上没有的部分，至于课本上有的内容，则可以少记或是课下补记。

当然，预习也有着一定的窍门。通常，预习时需要着重考虑这些内容：复习、巩固旧的概念和旧的知识，找到新旧知识的关联点；初步理解教材的基本内容和大体思路；找出新课程中自己不懂的地方；做预习笔记，找到本堂课的重点、难点。同时，根据预习所需的时间和涉及的知识范围，可以将其分为以下三种：

1. 课前预习

课前预习需要孩子在前一天晚上按部就班地完成第二天老师所讲科目的预习任务，并且做好预习笔记。这种预习的内容相对较少，而且又是预习新的知识，因此需要孩子进行得细致一些，这样才能看到预习的效果。

2. 阶段预习

阶段预习是指预习下一阶段的学习内容，分章预习和专题预习都属于

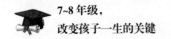
阶段预习。阶段预习需要孩子投入的时间较课前预习要多，也要更加系统，因此放在周末或是其他较长的自修时间比较合适。

3.学期预习

这种预习的范围涉及整本教材，而且内容也比较多，因此需要很长时间，一般建议放在寒暑假来完成。预习的主要任务是了解新教材的知识体系，了解自己在新的学期内将学到哪些知识，找出自己的知识障碍，以便在假期内做一些准备工作。

这种预习有利于孩子站在全局的角度和更高的高度来学习，同时也能更好地提高孩子学习的自觉性。但是，由于受自身知识以及能力水平的限制，孩子进行学期预习时只需大概涉及下学期的学习内容及知识点即可。很多孩子虽然明白预习的重要性，也会进行一定的预习，但是预习效果并不理想，这是因为他们没有掌握好预习方法，把预习做得马马虎虎，只是对教材囫囵吞枣似的看一遍便认为自己已经预习好了。这样预习当然无法取得良好的效果。其实，预习有一个完整的过程，孩子可以按照以下步骤进行：

第一步，认真通读教材，在通读的时候要善于思考，同时还要勤动笔，找出重点难点，并将自己没有看懂的地方着重标注出来。

第二步，利用各种工具书、参考书解决自己能够解决的问题。比如，语文课本中的生字生词，数学课本中的公式推理。

第三步，对于不懂的问题单独进行思考分析，如果是因为对旧知识遗忘造成的，就要及时进行补救。那些经过自己的思考仍然没有解决的问题，就要在课堂上专心听老师讲解了。

第四步，读完教材后，合上教材，根据预习任务重新想一想教材上主要讲了哪些内容，思路是什么，哪些是新问题，哪些是自己不懂的问题。这一步就是要做到复述预习的内容。

第五步，如果时间允许的话，可以做一些随堂练习，这样既可以检验预习效果，又可以发现一些新问题。

为了保证预习效果，孩子还需要注意一些细节。7~8 年级的学习，科目多、学习任务繁重，为了利用好每一分钟，妈妈一定要帮孩子制订一个完整、详细的学习计划。有的时候不能对全部科目都做预习，有的时候也不能将所有的时间都用于预习一个科目。所以，每天都要计划好今天要预习的功课，并以自己感觉最吃力的科目为主。

比如，8 年级的孩子刚接触物理，对物理知识把握得往往不是很好，而对语文已经很熟悉了，这时就可以将预习时间多分配给物理一些，相应地减少易学学科的预习时间，预习效率才会更高。

做好预习计划后，一定要坚持执行，初中学习时间紧张，一两次没有进行很好的预习是可以理解的，但是预习必须坚持下来，养成习惯。另外，由于每个学科都有自己的学科特点，因此预习方法也是不一样的。如果孩子能根据各个学科的特点进行预习，预习效果就会更好。一般来说，预习语文时，重在扫除生字、生词的障碍，理清文章结构，总结段落大意；根据辅导书对重点的语句、段落进行理解和分析；归纳文章的中心思想和写作特点；对要求背诵的篇目，进行背诵。预习英语时，单词要会读，标注词义，通读文章；看懂语法注释和例句；使用工具书和参照辅导书，翻译课文；分析重点句子的语法关系。预习数理化时，需要了解本节的主要内容；清楚公式、定理、原理等的推理过程；仔细看例题，认真分析教材上的解题方法和思路。

听课——阿喀琉斯之踵

阿喀琉斯是古希腊神话中的一位英雄人物，他出生后被母亲握住脚踵倒浸在冥河水中，除未沾到冥河水的脚踵外，周身刀枪不入，在特洛伊战争中立下赫赫战功，使希腊军转败为胜。但是，阿喀琉斯却有一个致命的弱点，就是脚踵。后来太阳神阿波罗就是抓住了阿喀琉斯的这个弱点，一箭射中了他的脚踵，阿喀琉斯就这样死了。

阿喀琉斯之踵，被比喻成致命的弱点、要害。在学习过程的诸多环节中，也有这样一个阿喀琉斯之踵，这就是课堂"听课"环节。

听课，是学生学习知识时最重要的环节，学生要想学得好、学得轻松，就要努力听好每一节课。抓好课堂学习，就等于抓住了学习的关键所在。尤其是进入 7 年级以后，随着学习科目的增加、课程难度的增大，需要老师进行详细的讲解，否则孩子很难吸收所有的知识。

王雪是某省的一名中考状元，可以说她平时一贯的考试成绩都相当优异，没有弱项和偏科。那么，王雪的学习窍门又是什么呢？

王雪有自己的一套比较系统的学习方法，但是她认为在所有的学习经验和学习方法中最重要的一点就是一定要把握好上课的时间，良好的听讲状态是她取得好成绩的最根本原因。

对此王雪自己也承认只要老师一站在讲台上，她就开始紧随着老师讲课的思路，不会漏掉老师讲的每一句话和每一个环节。比如，一般老师都会在讲课前 5 分钟复习上节课的内容，很多同学对这几分钟并不在乎，但是王雪却一直认真地和老师一起复习。在讲述新知识的时候，王雪更是打起十二分的精神，全神贯注地听讲。

这样的听讲状态和听课态度，当然带来了良好的学习效果。对于老师所讲的知识点，王雪基本上当堂就能很好地吸收消化。而班上很多同学，上课时要么闷头自己学，要么开小差走神儿，对于老师所讲的内容常常不能完全理解和掌握，于是不得不在课下花费大量的时间再次进行学习和巩固。这样不仅浪费了大量的时间，也会造成更多的知识盲点。

　　尽管中学学业较为繁重，但是王雪并没有学得很辛苦，而是一步一步踏踏实实地完成了学习任务，最终取得了优异的成绩。

　　对于孩子来说，老师的传授就是他们获得知识的最好方式，而且在老师的引导下获得知识的过程也可以锻炼孩子的听说能力、思维能力，以及运用知识解决实际问题的能力。7~8年级的孩子，耐心地听好每一节课既是学校教育的要求，也是获取知识、提高自身能力的需要。

　　如果一个学生上课时不注意听课，听课效率不高，那么他的学习很可能是事倍功半甚至是徒劳无功。而听课效果不好，成绩自然也很难让人满意。因此，妈妈一定要让孩子认识到听课的重要性。

　　可是，妈妈又该如何帮助孩子提高听课效率呢？具体来说，上课前孩子应该做好以下两项准备：

　　首先，学习态度上的准备。这对听课质量有着很大的影响。比如，有些孩子由于学习方法不当，或努力程度不够，因此考试时常常屡战屡败，自信心遭受很大的打击，而当他们受挫时，往往又得不到必要的鼓励、引导，这样日积月累，在他们的心里就会形成"学习即痛苦"的消极情绪反应，自然很难集中注意力去听课。

　　为此，妈妈应该重点培养孩子积极的学习态度，不仅要转变他们对学习的认识，更重要的是帮助他们消除学习中的消极情绪体验。在此过程中，妈妈要尽量为孩子创造体验成功的机会。在孩子的人生经历中，每获得一次成功的体验，就能激励他们在承受失败的时候也能拥有一种持久的精神动力鼓舞他们勇往直前。

　　其次，知识上的准备。孩子在上课前一定要明白即将上什么课，要讲哪一节内容，再回忆一下预习的内容。课前预习是一种重要的学习方式，也是提高听课效率的有效办法。通过课前预习，可以让孩子发现课本中的

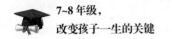
难点，并带着疑问进入新内容的学习，待老师讲到这部分内容时要格外注意听讲。可以说，良好的预习，不仅有助于提高听课效率，也能节省孩子课后复习以及做作业的时间。

除此之外，孩子在上课前还应该做好身体上的准备，不要做一些过度消耗体力、过于兴奋的活动或是被低落等情绪影响的事情。这些往往会严重干扰正常的听课，使孩子在上课时不能集中注意力。

为了让孩子在课堂上更加专注，尽可能地排除一切的干扰因素。还应该讲究一些方法：

方法一：五官并用，最大限度地保证听课效率

孩子在听讲时一定要充分调动耳、眼、口、手、脑等多种感觉器官，做到听看结合、听想结合。用耳朵听老师讲解，即做到听讲解、听范读、听提问，听同学的反馈意见；用眼睛看板书，看老师讲课时的教学动作和神态；用口说，敢于提问，敢于表达；用手做笔记，画重点，做练习；用脑积极地思考。只有做到五官并用，才能保证听课的效率。

虽说五官并用听课法非常强调孩子在听讲时一定要注意思考。但需要注意的是，思考不要脱离老师的授课内容，不要抛开课堂自己瞎想。在遇到有难度的知识，或是自己没有听懂的地方时，一定要明智地暂时停止思考，并且做好标记，然后跟随老师的思路继续听课，待可以提问或授课结束时再请教老师。

方法二：积极主动地参与，敢于质疑和存疑

7~8 年级的孩子在听讲时还有一个比较突出的问题，就是上课时总是闷头听讲，很少和老师互动，这种被动地接受老师传递知识的学习效果往往很差。

我们经常会注意到这样一个现象：在小学课堂上，孩子们常常是抢着举手发言想要回答老师的问题。可是到了中学，很多孩子认为自己长大了，于是就不屑于回答问题，或是碍于情面不喜欢向老师提问。实践证明，凡是那些积极举手发言的学生，掌握新知识的速度会非常快，成绩也总是名列前茅。

为此，妈妈要鼓励孩子听课时一定要积极参与，随着老师的教学思路转，面对老师的提问，也要勇于积极地回答。

对于课堂上的疑难问题，不妨先标记下来，课下的时间再解决这个问题，或是独立思考，或是求助于老师、同学。这样既不会因为自己的一个问题而影响老师的讲课进度，也不会浪费自己的课上时间，反而可以促使自己深入钻研问题，养成独立思考的习惯。

笔记——成功的秘密武器

很多优秀的学生在谈到自己成功的经验时，都会反复强调一个词——笔记。

在小学阶段，学习内容较少，课程难度较小，对于一个知识点，老师往往可以讲述几遍，孩子在老师一遍一遍的强化中巩固记忆，因此几乎是不用记笔记的。但是到了7~8年级，随着学习内容的增加，课程难度的增大，老师不可能一再重复地讲述一个知识点，而学生也根本无法凭一堂课就将所有的知识掌握。为了让以后的复习更有重点和效果，就必须用到笔记。笔记在中学阶段的学习中占据着很大的分量，是学习环节中最重要的辅助工具。

笔记不仅包括课上跟随老师讲课而记录的要点、重点以及难点内容，也包括自己在课下总结练习时的精华，也就是错题本。养成记笔记的习惯，有助于集中注意力，活跃思维，克服单靠头脑记忆带来的缺陷，还能培养

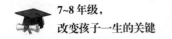

孩子自学和总结归纳的能力。

同时，笔记也是复习环节中不可缺少的资料，它是对整个教材的总结，是信息库和资料库。比如，在考试前，有笔记的孩子会按照笔记进行翻阅复习，层次清晰，重点难点突出，既节省时间，又能保证效率；没有笔记的孩子，一到复习的时候就把教材翻开，也不考虑重点难点，一律从第一页开始看。自制力不强的孩子经常是翻不了几页便没有耐心继续看下去了，还有的孩子只是囫囵吞枣般浏览，这种复习效果都不会太好。

一本好的笔记能详细记录老师讲述的内容。做好笔记后要当天复习，然后每周复习一次，考前还要再完整地看一次，以保证知识点的巩固。

7~8 年级的孩子一般能够认识到记笔记的重要性，但是关于怎么记笔记却并不清楚。大部分学生把老师的板书看成笔记，自己每次都认认真真地将老师的板书抄写下来，把老师在黑板上写的任何语句或是例题都要记录下来。有的孩子还反映，老师讲得太快，跟不上老师的教学进度，有时候光顾着记笔记，都快跟不上老师的思路了。那么，笔记到底应该记些什么，又应该怎么记呢？

我们先来看看中考状元李念在初中三年是怎样记笔记的：

李念主要归纳了两种记笔记的方法，即详记和略记。

详记，就是把老师在课堂上所讲的知识尽可能全面地记下来。这种记笔记的方法适合于政治、语文、生物以及部分化学课程。这些科目的特点是知识点比较零散，各部分之间的关联性不是很强，而且各部分内容的重要性和分量比较平均。如果记录不完整，就会导致内容不连贯、不全面。

略记，就是只记录重点难点这些主要内容，省去次要内容。之所以这么做，主要是因为很多内容要么在教材上已经清晰地写出，要么过于简单没有必要记录。比如，一些数学公式的推导过程就属于这种情况，这些内容完全可以不记，或是简略地记录一下。这种方法适用于数学、物理以及化学的部分课程。这些学科往往有这样一些特点：前后内容联系紧、逻辑性强、公式定理比较多，因而孩子只要掌握了关键内容即可，其余问题都可以从这里推导出来。

李念还说，这两种记笔记的方法也不是绝对分开的，有时还需要将两种方法结合起来。为了将笔记记得又快又好，还需要掌握一些小技巧：没有必要逐字逐句地记下老师所讲的内容。记笔记的目的在于学习并记录基本观点与事实，因此最好用自己的语言记笔记，只有在必要的时候，才可以记一下老师的原话。在大多数情况下，只要记下关键词就可以了，对于要写的东西一定要详加斟酌。

俗话说，好记性不如烂笔头，可见做课堂笔记的重要性。那么，又该怎样有效地记笔记呢？下面我们来看看需要注意的一些问题。

方法一：最好形成自己的思维模式

记笔记最好形成自己的思维模式，系统地思考和记录主要观点和细节，并且按照自己喜欢的方式记笔记。比如，可以随意划分区域，使用自己的简写符号，这样既可以节约时间，也方便自己日后使用。

方法二：记录方式上可以自由灵活

笔记本不是作业本，是给自己看的学习资料，因此在记录方式上可以自由灵活的掌握。笔记本上的内容可以随时连线，也可以在上面添加内容。这就需要在做笔记的时候应该预留一些空间，方便日后补记。笔记一般是按照讲课顺序记录的，而每节课之间的联系又是非常紧密的，新知识经常

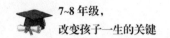
与旧知识相关，这样你可以用直线、箭头以及各种标记将两部分内容连接起来，或是在页边、页角上添加。

方法三：所记的笔记一定要清楚明白，容易看懂

7~8 年级孩子的审美能力突飞猛进，这也反映在记笔记上。有些孩子的笔记本一定要漂漂亮亮，字迹也要工工整整；有的孩子会特意拿出一部分时间重新誊写笔记；还有的孩子为了保证笔记清楚，专门在课下抄写别人的笔记，而自己在课堂上却从来不记笔记。这些喧宾夺主的做法显然是不可取的。

其实，很多时候笔记本整洁与否并不那么重要，关键是要清楚明白，自己能够看得懂。当然，也不是说把字写得龙飞凤舞，随心所欲，这也是不行的。记笔记的一个基本准则就是整洁，日后能够看得懂，容易理解。但也不必过于强调顺序性，以免在上课时跟不上老师的步伐，遗漏重要信息。

方法四："边批"+"夹纸"的笔记法

很多孩子经常反映上课时没有太多的时间记笔记，结果笔记常常会被记得非常"精简"，一个星期后就忘记了那些"精简"的话所代表的意思。但也有一些孩子会记得特别详细，几乎把教科书都搬了上来，一个星期的课程往往就有厚厚的一大本笔记，结果常常是连自己都不想看了。

其实，"边批"+"夹纸"的笔记法就是一种简便、实用的记笔记方法。所谓边批，就是在教材的知识点处，页眉、页脚或是字里行间记笔记，相较于记在专门的笔记本上，边批更为方便和实用，不用抄写知识点的出处和题目标题。

比如，在语文课本的页眉处记录课文的中心思想，在页边记录段落大意，在页脚记录注释，在题目下面记录写作背景，在作者处写上作者简介，在正文中记录重点语句的含义以及生字的拼音、释义等。这种方法也同样

适用于理科。比如，老师讲解的例题往往会比教材上的解法更为简便，孩子可以把老师的解法直接写在例题旁边，方便对照。需要复习时，这种笔记也更利于回忆，还可以让那些当时似懂非懂的知识变得更加清晰，这样就起到了启示以及解惑的作用，增强了孩子对知识的"悟性"。

所谓夹纸，就是将知识点写在纸上。有时候老师会根据书中的某一个知识点讲解书上没有的内容，或是补充大量的内容。当内容较多，课本的边角基本上记不下的时候，不妨写在纸上。然后，在每张纸的上方写上课本名称及页数。比如，数学课本 P45，意思就是这个补充内容对应的是数学课本的第 45 页。为了防止夹纸丢失，孩子还可以按照科目把夹纸存放在不同的纸袋中，为了方便查找，还可以为自己设置一个"夹纸"目录。

"边批" + "夹纸"这种笔记法很简单，尤其是对刚开始适应中学学习的 7 年级孩子来说，是一个不错的选择。

记笔记并不是为了记而记，而是为了使用才记，笔记必须整理和使用，不使用它，它就没有任何意义。经常翻看笔记，才能温故而知新，而笔记是温习中必不可少的。妈妈在平时一定要引导孩子认真做笔记，学会使用笔记。

练习——熟能生巧，练习即得分

从预习、上课再到练习、复习，是一个相互联系的有机整体，课前预习是为了了解知识，上课听讲是为了理解知识，课下练习则是为了巩固知识。人们常说"重复是学习之母"。练习就是在一次次的重复中熟悉知识、掌握知识、牢记知识。熟能生巧，就是在理解和掌握的过程中提高运用知识的技巧，进而在运用过程中，使知识融会贯通，举一反三。

在学习的过程中，遗忘是不可避免的。不常接触或是使用的知识，就会慢慢地被人遗忘。很多人在走出校门一年之后就将知识忘得一干二净，而一个初中数学老师对各种数学公式、定理肯定是如数家珍，因为他们总是在使用和重复这些知识。因此，孩子应该赶在遗忘之前，在对这些知识还有着深刻印象的时候及时地练习、复习，这样才能保证学习效果。

有人戏称中学阶段的学习就是搞"题海战术"，这种说法是不无道理的。进入初中后，孩子需要学习大量的新知识，在一次次的练习中，才能熟悉知识点、掌握知识点。一些自以为是的孩子，认为自己聪明，老师讲过一遍就记住了，觉得只要上课好好听讲就好了，所以对课后作业和课下练习很敷衍，这样的孩子基本功绝对不扎实，慢慢地，他在学习上的问题就会反映出来。

所以，孩子一定要重视练习，只有练习做得精、做得好才能发挥它的作用。有了良好的练习方法，孩子做一道题才能顶得上别人做三道题，起到事半功倍的效果。

拿数学来说，数学方法、解题技巧千变万化，只靠课本上的几个练习题、作业题就想把数学学得非常出色，是不可能的，孩子只有在课外抽出一定的时间进行有目的、有选择的强化练习，才能使自己的数学成绩有大进步。

只有把新知识练习、课后作业、课外综合练习有机地结合起来，孩子才能提高学习成绩，全面发展。下面就为妈妈介绍几种有效的练习方法：

方法一：对不同的练习题应该区别对待

会学习的孩子和不会学习的孩子最大的区别就是：会学习的孩子总能抓住最重要的信息，研究典型例题，做到举一反三、融会贯通，而对某些练习题只是大略地翻一翻，详细地做一两道题，剩下的就大致在脑子里过一遍解题过程即可。

不会学习的孩子，往往胡子眉毛一把抓，中考题做一遍，一般习题做一遍，这样下来，题没少做，但是却没有什么效果。因此，即使是对待练习题，孩子也要区别对待，重视质量，多分析、多思考、多总结。

方法二：做过的习题一定要进行整理

有的孩子把做练习看成是一个任务，只要做完最后一题就认为完成任务了。而那些会学习的孩子，往往十分珍惜做题的过程，也会珍惜那些做过的题。

汪洋的数学成绩一直都非常好，但是他从来不认为自己有多聪明，而是认为自己的成绩都是在一次次做练习的过程中得到的。汪洋对待练习的态度非常认真，他不但注重结果，更关注过程。

汪洋在做题的过程中会领悟各种解题思路和方法，做完题之后也会认真思考，而这个过程就是数学方法和数学思想形成的最重要的阶段。对于做错的题目，汪洋更是会把它们积累到错题本中，详细分析这个题目以及自己为什么做错了，反思自己的解题思路。

汪洋说："对于那些没有做错的题目，不是看一遍正确过程自己理解了就算结束了，而是应该深刻思考，一定要问自己三个问题：'为什么这个方法比较好？''还有没有其他方法？''以后在哪些情况下还可以用到这样的方法？'"

方法三：重视基础法

对于一些成绩比较差的学生来说，在做练习时一定要多做基础题。其实，在考试过程中，基础题占有相当一大部分的比例。成绩不是很好的孩子，一定要认认真真地做基础练习题，尤其是教材上的练习题。

教材上的练习题，是经过认真的筛选、研究总结出来的最具代表性的基础题目，基本上等于考试大纲。另外，教材上的练习题一般与概念、公

式以及定律联系紧密，因此多复习教材上的练习题并做一些相关题型，有
助于孩子深入理解和体会这些概念和公式。同时，教材上的习题已经讲过，
有的还附有详细的解题步骤，比较容易做对，这类型的基础题让孩子多做，
不但可以让孩子对相关知识举一反三，巩固基础知识，而且也有助于增强
孩子的信心。

方法四：主动求解法

孩子在做练习的过程中，妈妈要注意引导他们积极主动地寻求解题思
路，而不是一遇到困难就直接跳过去，或是急于找老师和同学寻求答案，
或是干脆直接翻看答案。

很多孩子都有不会做就直接翻看答案的体会，当他们看答案的时候，
往往觉得每个步骤都很简单，自己一看就明白了，因此就认为自己已经掌
握了。事实上，在这个过程中孩子只是机械地看了一遍具体的解题过程，
而没有进行独立思考，更别说是掌握、形成自己的解题思路了。

教辅书——提高成绩的好帮手

教辅书既包括跟随课本教材而编写的教材辅导材料，也包括相应的一
系列辅导练习册。这些教辅书可以帮助孩子更好地进行自学，也可以让孩
子进行自我检验。

在小学阶段，孩子的学习内容相对比较简单，学习时间也比较充裕，
老师带领孩子反复巩固所学内容，孩子只要按照老师的要求去做，基本都
能保证学习任务的完成，较为认真的孩子更是能够取得不错的成绩。

进入中学以后，由于课程的增多、学习任务的加重，对孩子的要求也
越来越高，孩子在学习上开始出现很多问题。再加上中学老师不像小学老

师那样有足够的时间和精力教学生，学生也没有太多的时间专攻一个知识点。所以，孩子急需一个能够随时随地辅导自己的老师，于是教辅书就承担起了这个责任。

现如今，我们经常会看到这样一个教育现象：很多孩子都非常依赖教辅书，家长也经常为他们选购教辅书，尤其是每到新学期开学时，几乎每个孩子都会有一大批辅导书被塞进书包。可以说，买教辅书几乎成了 7~8 年级学生的家长和孩子的一种潮流。如果一个孩子买了教辅书，其他孩子也会跟着买，因为看着别人做书上的习题而自己没有做不免感到紧张。

虽然教辅书常常能够起到重要的辅导作用，但是，对于 7~8 年级的孩子来说，教辅书也并不是万能的。大部分孩子都会发现自己跟风买回来的教辅书其实并没有什么太大的价值。

其实，多数教辅书并不能立竿见影地提高孩子的成绩，教辅书固然要看、要做，但是孩子做得过多，反而弊大于利。那么，面对市场上五花八门的教辅书，妈妈又该怎样为孩子选择有价值的教辅书呢？

方法一：选择教辅书应以质取胜

在当今的图书市场上，教辅书的种类非常繁多，与此同时，在质量上也经常出现参差不齐的现象，所以妈妈在帮助孩子选择教辅书的时候，一定要重视教辅书的实际内容，没必要买得太多。具体选择时，可以针对孩子薄弱的环节进行"对症下药"。如果孩子在基础知识的掌握上存在欠缺，可以选择以基础知识为主的教辅书；如果孩子在写作上存在漏洞，可以选择以写作见长的教辅书。

方法二：根据学习阶段，量体裁衣

对于 7~8 年级的孩子来说，这个阶段的教辅书主要是同步类辅导书，这类教辅书可供孩子平时根据老师在课堂上的教学进度，放学回家后同步

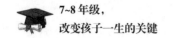

跟进练习。其中同步类的辅导书又可以分为习题类辅导书和讲解题类辅导书，孩子可以根据自己的实际情况进行选择。

方法三：例题讲解很重要

很多孩子之所以买教辅书，往往是为了做题，其实这种做法非常不可取。一本好的教辅书，例题的选择会多样化，讲解也会提供很多不同的解题方法，这样孩子才能学会举一反三。所以，选购教辅书时，仔细研读例题是很重要的。

方法四：答案解析不可缺

差的教辅书往往只有正确答案，而好的教辅书不仅有正确答案，还会有详细的解析以及错误选项的错因分析等内容。另外，选择教辅书时，还要选择练习和答案分开的版本，避免孩子懒于思考就直接翻看答案。

虽然在某种程度上，教辅书对于提高孩子的学习基础有一定的用处，但是妈妈也需要清醒地认识到孩子知识面的拓宽、学习成绩的提高并不是单纯地依赖教辅书。无论怎样，课内是基础，吃透课本才是最重要的。

答题——靠实力，也讲技巧

考试是检验孩子学习成绩的一种手段，而成绩又是孩子证明自己的一种方式。学生离不开分数，躲避不了考试。考试需要实力，但是如果学生能掌握一定的小技巧，便可以让考试变得容易些，也能争取到更多的分数。

在学习上，经常会出现这样的情况：有的孩子平时非常勤奋好学也很努力，在日常小测验中，成绩也不错，可是一到正式考试，成绩就是上不去；有的孩子，平时成绩也就是中等水平，并没有什么特殊之处，但是一到关键性的考试，成绩就会提高很多。有人将这种现象简单地归结于运气。其实不然，这和考试技巧有着很大关系，有的孩子擅长考试，有的孩子则不擅长考试。

由此可见，考试答题虽然需要实力，但也需要一定的方法和技巧，这样才能获得高分。那么，对于7~8年级的孩子来说，需要掌握哪些技巧呢？

方法一：审题的技巧

审题是答题的关键，如果孩子连题目都没有好好理解，又怎么能答对呢？为此，妈妈要教孩子学会的第一点就是读题干，审题目。所谓读题干，就是面对题目给出的大量信息，孩子只需要把它读明白就可以。而审题目是指遇到问题时，孩子需要仔细阅读、反复推敲，这样才能把更多的精力和时间分配到问题的重点之处。

孩子在读懂题目之后，妈妈要引导他们提取题目需要的知识点，并启发孩子思考这个题目和自己之前做过的哪类题目类似，经过思考，孩子可以迅速找到解题思路，而不会出现面对题目无从下手的局面。如果孩子在这一环节做得很好，可以说就是考试的高手了。

方法二：答题顺序的技巧

答题时要按照先易后难、先熟后生、先高后低、先同后异的原则来进行。

（1）先易后难。孩子要根据自己的实际情况，在遇到比较难的题目且一时没有解题思路时，可以暂时跳过，将自己会答的题目先答完，尤其是不能在那些低分值的题目上耽误过多的时间。

（2）先熟后生。一般来说，在孩子的试卷上都会出现几道新题型。当孩子面对新题型时，难免会感到恐慌，心理压力会增大，影响答题心情。

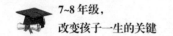

因此，妈妈要提醒孩子在答题时应遵循先熟后生的原则，也就是先做自己比较熟悉的题型，再做新题型。

（3）先高后低。对于分值高的题目，如果孩子答对了，往往要比分值低的题目拿的分数要高得多。因此，妈妈要提醒孩子遵循先高后低的原则来答题。

（4）先同后异。考试时，如果孩子能够将一张试卷上的同类题型放在一起做，往往能节省更多的思考时间。因为这些题型的思考方向大多是一致的，这样孩子就不必转换思维，从而顺利地解出另一道题。

方法三：规范答题

生活中，我们经常会看到这样一种现象：有些孩子明明很多题目几乎都会做，但成绩就是不理想。仔细查看孩子的试卷就会发现不仅字迹潦草，而且步骤也非常不完整。这些孩子在答题时因为不懂得答题规范而被扣掉了很多分，实在是令人惋惜。

语文学科是杨梓的弱势学科，经过一个学期的努力学习，杨梓的语文成绩终于有所进步。但是老师跟杨梓说其实杨梓的作文成绩原本可以再好一点儿，但是因为字迹潦草，被扣了几分。任何一门科目的考试都有卷面分数这一项。杨梓发现自己每张试卷上的字迹都不是很工整，于是决定克服自己这个弱项。

老师告诉杨梓，字不一定要写得多么漂亮，但一定要清楚，让评卷人易读易认。另外，字迹潦草会让老师误解而导致丢分，卷面整洁、格式正确，也容易给人美的感受。

除了字迹要求以外，还有其他一些细节，妈妈也要随时提醒孩子：绘图时不能光用铅笔，可以用铅笔绘完图后再用黑色碳素笔轻轻地描一下，以免铅笔线模糊不清；在答题卡上作答时，不要用胶带和涂改液，因为使用这两样东西很容易损害答题卡，如果怕写错了没有空白处更改就应该学会事先打好草稿再写，同时也要保证答题卡页眉以及四角处不能折；答题时注意答题卡填涂要规范，涂满区域不超出界线；作答主观性试题不能出黑框，以免扫描机因扫描不到而失分。这些基本的答题规范和好习惯虽然不能帮我们加分，但可以让我们避免丢失不必要的分数。

第三部分

7~8 年级，锻炼孩子
卓越能力的关键期

杰出青少年的 7 个习惯

美国励志成功大师拿破仑·希尔说："播下一个行动，收获一种习惯；播下一种习惯，收获一种性格；播下一种性格，收获一种命运。"7~8 年级是孩子逐渐长大、走向成熟的关键时期，妈妈要抓住这个黄金时期，引导孩子养成良好的生活和学习习惯，这些习惯会令孩子终身受益！

习惯一：思考就是力量

资深教育专家、原国家总督学柳斌老师曾严肃地讲过一则"让人笑不起来"的"笑话"：

在一所国际学校里，老师给学生出了一道题："有谁思考过世界上其他国家粮食紧缺的问题？"学生们都回答说："不知道。"欧洲学生不知道什么叫"紧缺"，美国学生不知道什么叫

"其他国家"，中国学生不知道什么叫"思考"。

然而，这却是一个让中国妈妈们笑不起来的笑话，我们的"听话教育""包办代替""题海战术""标准答案"等不科学的教育方式，使孩子变得不会思考了。

思考能引发一个人钻研的欲望，思考是认真读书的前提。思考和知识其实就像一枚硬币的两面，相辅相成。不论一个人的年龄有多大，思考能力都是衡量他是否有价值的一把尺子。

爱因斯坦在少年的时候就是一个爱思考问题的孩子。他在14 岁时，就能够自学几何和微积分，一旦遇到困难，总是细心琢磨，反复思考，直到实在算不出来才向别人请教："给我指个方向吧！"但是不等人家开口，他就提出要求说："不要把答案全部告诉我，留着让我思考！"

后来，他成为一位杰出的科学家。当人们赞誉他对人类做出了巨大的贡献时，爱因斯坦笑着说："学习知识要善于思考，思考，再思考。我就是靠这个方法成为科学家的。"

晚年的爱因斯坦也非常重视培养青少年勤于思考的习惯。那时，他住在美国普林斯顿一所简朴的木板房子里。邻居有个十一二岁的小女孩，十分可爱。放学后，小女孩时常来看望这位白发苍苍的科学家。爱因斯坦也喜欢检查她的功课和作业。

有一次，孩子拉着他的手亲昵地问："爱因斯坦爷爷，这道题怎么做？"爱因斯坦和蔼地说："孩子，要学会思考，不要一遇到困难就向别人伸手。"有时，爱因斯坦还会对小女孩稍加启发地说："我给你指个方向，不过，答案还得用你的头脑去找！"

爱因斯坦之所以会取得举世瞩目的成就与其勤于思考的习惯是分不开的。学习最重要的目的就是教会孩子思考和创新的能力。哈佛大学校长布罗纳曾说过这样一句话："学生一进来，就要对他们说'听着，你们到这里，不是来发财的，你们到这儿来为的是思考，并学会思考！'"

7~8 年级的孩子自我意识开始清晰，独立思想逐渐增强，正是锻炼其思维能力的良好时机。为此，妈妈千万不要错过这个教育孩子的好时机。为了更好地培养孩子善于思考的习惯，需要掌握以下这些方法：

方法一：帮助孩子学会思考

曾获奥林匹克化学竞赛金奖的尤啸华说："我觉得'想'是我进步的最大动力。比如说，我读一些东西，我却可以想出比它多3倍的东西，我觉得这样进步很快。再比如，我看人家打篮球，看一个动作后，我就去想这个动作可以怎样变化，下次再打篮球时，我可以很快地把它应用上。这样，我不必天天打篮球，也可以进步得很快。"

很多妈妈总是抱怨孩子太懒，什么都不去想，其实原因不仅在孩子身上，这里面也有妈妈的"功劳"。现在很多孩子都是独生子女，父母从小对孩子娇生惯养，什么事情都不让孩子去做，孩子在成长的过程中，向来都是衣来伸手、饭来张口，几乎没有遇到过解决不了的困难，自然也就懒得思考了。

首先，要教孩子学会思考，妈妈要先学会放手，逐渐让孩子自己去处理事务，这样孩子在遇到障碍时，就不得不动脑筋，自己想办法去解决。

其次，妈妈在适当的时候要给孩子一些引导和提示。孩子毕竟是未成年人，思维上还没有完全成熟，遇到特别难以解决的困难时，妈妈如果没有及时给予提示，解题难度大大超过思考的乐趣之时，孩子很快就会放弃努力。

方法二：启发孩子善于发现问题

思考来源于问题，问题来源于善于发现的头脑。所以，妈妈要想培养孩子思考的能力，就要教会孩子发现问题的能力。但是很多孩子的头脑里往往没有问题，也就不知道什么东西需要动脑筋去思考。为此，聪明的妈妈要锻炼孩子发现问题的能力，这样才能培养孩子勤于思考的习惯。

对于 7~8 年级的孩子，妈妈在日常生活中可以适当地充当一个"孤陋寡闻者"，多向孩子求助或请教，多问问孩子"为什么"，像为什么饺子熟了会飘到水面上来，为什么向日葵都朝着一个方向开，等等。要知道，孩子也会有虚荣心，也希望被认可和重视，尤其是正值青春期、渴望长大、希望父母能把他当作大人一样看待的孩子，更容易激起他们的求知欲。7~8 年级的孩子逐渐对周围的事物产生好奇心，进而不断地发现问题，并且积极地寻找答案，最终成为家里的"大人"，妈妈的"智囊"。

当然，妈妈不仅要学会问问题，更要掌握回答孩子问题的技巧。妈妈在回答孩子的问题之前，首先要表扬孩子善于观察和发问的精神，然后给予积极、正面的回答，如果妈妈实在难以解答也没有关系，完全可以把问题再推给孩子，并且鼓励孩子自己想想其他方法找到答案。比如，通过寻问老师、利用图书馆、利用网络查找答案等。这样一来，不仅可以激发孩子的思考能力，培养孩子的表达能力，而且也有助于增强孩子的自信心，对于增进亲子关系也极为有利。

方法三：帮孩子养成思考、总结的好习惯

俗话说，人的大脑是越用越灵活。而且科学研究表明，对人的大脑不断地给予刺激，对我们的深度思考能力也有着直接关系。而不经常锻炼大

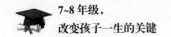

脑的人，几天后他的思考能力就开始下降。

因此，在教育孩子时，妈妈要引导孩子养成积极思考的习惯。可以对每天所学科目的总结、每次考试不足之处的改进意见，也可以社会的某个现象的心得体会，甚至是浮想联翩。建议父母每天抽出一点儿时间与孩子多交流，不论是学习还是生活，甚至可以像对待大人一样和孩子探讨人生、思考人生，引导孩子随时把所思所想记录下来，比如，准备一个笔记本或每天写日记，这都是不错的方法。这种习惯不仅对提高孩子的学习效率很有帮助，而且对孩子思想的成熟，对其今后的人生也具有积极的推动作用。

方法四：好记性赛过烂笔头，帮孩子准备随想录

思考不仅仅是想，而是最好拿出专门的笔记本将自己的想法随时随地地记录下来。坚持下来，你将发现记录思绪能帮助你更集中地进行思考，理清逻辑，而且这么做也可以帮助孩子进行更有创意的思考，随着思考的深入，孩子的思维会越来越成熟。

习惯二：树立积极的人生态度

英国作家约翰逊说："能看到每件事情的最好一面，并养成一种习惯，这真是千金不换的珍宝。"

积极乐观的生活态度能够唤起人的潜力，促使人发挥出巨大的力量，这种力量能引导人们走出困境，自信地走向生命顶峰。有许多身处困境的成功人士都是靠着这种力量才取得成功的，如斯蒂芬·霍金。

斯蒂芬·霍金在牛津大学毕业后即到剑桥大学读研究生，这时他却被诊断患了"卢伽雷病"，而此时他刚过完 21 岁生日。不久，他就完全瘫痪了。1985 年，霍金又因肺炎进行了穿气管手术，此后，他完全不能说话，只能依靠安装在轮椅上的一个小对话机和语言合成器与人进行交谈；他看书必须依赖一种翻书页的机器，读文献时需要请人将每一页都摊在大桌子上，然后他驱动轮椅如蚕吃桑叶般地逐页阅读。

然而，就是在这种一般人难以置信的艰难情况下，他成为世界公认的引力物理科学巨人，他的"黑洞蒸发理论"和"量子宇宙论"不仅震惊了自然科学界，而且对哲学和宗教也有深远的影响。

有一次，在学术报告结束之际，一位年轻的女记者悲悯地问："霍金先生，卢伽雷病已将你永远固定在了轮椅上，你不认为命运让你失去的太多了吗？"霍金的脸上充满恬静的微笑，他用还能活动的手指敲击键盘，于是，随着合成器发出的标准伦敦音，一段文字在投影屏上显示出来：我的手指还能活动，我的大脑还能思维；我有终生追求的理想，有我爱的和爱我的亲人和朋友；对了，我还有一颗感恩的心……当人们看到这些时，纷纷涌向台前，簇拥着这位非凡的科学家，向他表达由衷的敬意。

成长中的青少年，必须拥有乐观的心态，才能在日后从容面对社会中的挑战，战胜一切困难。

每种人生态度都不是生来就有的，积极的生活习惯也得益于精心的培养。妈妈们可以用以下几个方法引导孩子，培养其乐观、积极的心态：

方法一：凡事都要想积极的一面

成功学大师戴尔·卡耐基说："积极的人在每一次忧患中都看到一个机会，而消极的人则在每个机会中都看到某种忧患。"习惯以消极心态看待事情的人，总是看不到事物美好的一面，更不敢去追求。因此，妈妈要引导孩子凡事往好的方面想，打破消极的思维习惯，多看生活中美好的一面，这样的好习惯才能成就充满希望的人生。

例如，孩子考试没有考好，妈妈可以告诉孩子这并不一定是坏事，我们正好可以借此机会找出某些科目成绩欠佳的原因，这时妈妈就可以向孩子提出这样一些问题，例如，"你自己能否解释成绩差的原因出在哪里？""你有没有认真地听讲？"，或是"平时你在学习这门功课时有没有觉得吃力，又是哪里感觉吃力？"

当孩子给出合理的解释之后，妈妈一方面要和孩子一起找到改进的方法和今后应该采取的行动，另一方面也要引导孩子提出需要大人协助的要求，并切实地给予孩子满足。与此同时，当孩子取得好成绩时，妈妈也要及时给予孩子适当的表扬和鼓励。

方法二：教孩子学会自我暗示疗法

当孩子的情绪被生活、学习中的困难所困扰时，妈妈要教会孩子用自我暗示的方法去调整。例如，可以试着让孩子闭上眼睛深呼吸，告诉自己："我很快乐""我是最好的""我能行"等。这些心理暗示对平静心情、增强自信非常有效。

人生的路很漫长，孩子在成长的过程中难免会遇到挫折和伤痛，妈妈不能每时每刻都陪在他们身边，但是可以教会他们自我暗示疗法，在经历风雨之时，用心底的阳光，照亮前程。

方法三：教孩子学会转移注意力

做人要学会洒脱，面对烦恼也是如此。可是，很多孩子往往喜欢钻牛角尖儿，越是不开心的事情就越是不肯放下，一遍遍地在心里回想，这样只会让自己越来越痛苦。有的时候，面对既成事实，比如，成绩不及格、竞选班干部失败等，最好的办法就是忘记过往，重新出发。

　　妈妈可以采用一定的方法帮助孩子脱离消极的环境，因为有些烦恼，与其费尽心力地去解决，倒不如静下心来待时间流逝。例如，带孩子到外面走走，反而更有利于孩子放松身心，消除困惑；也可以让孩子暂时放下手中的事去做一些自己喜欢的事情，如听音乐、找同学聊聊天等。

习惯三：立刻行动

　　生活中，我们经常会看到这样一种现象：很多孩子在升入 7~8 年级后，往往会给自己设定一个目标，刚开始的时候，他们总是干劲十足，但是执行不了几天就会退到起点；或是当他们听了一场让人热血沸腾的讲座后，也会顿时踌躇满志，立下目标，制订计划，下决心改变自己，然而在执行的过程中，一旦遭遇困难或是突发事件往往会中断计划，过些时间再也找不到当初的热情了。

　　孩子做事情虎头蛇尾，说话不算数，往往是因为他们没有行动力。行动力是一个人根据自己心中的目标，克服外在的一切障碍，战胜自身惰性等负面心理而做出实际行动的能力。正如俄国作家克雷洛夫所说："现实是此岸，理想是彼岸，中间隔着湍急的河流，行动则是架在河上的桥梁。"

　　那么，妈妈又该如何给予孩子鼓励和引导，让他们具备行动力呢？

方法一：用榜样的力量去教育孩子

　　模仿是孩子的天性，父母的行为会在孩子的身上折射出来，有什么样的父母就有什么样的孩子。要想培养出孩子果断的行动力，父母也一定要雷厉风行。为此，日常生活中，妈妈一定要时刻严格要求自己，做到果断决策，立即行动。

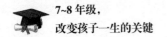

方法二：帮助孩子制订行动计划，并且保证行动的实施

计划是行动的保障，没有计划的约束，孩子自然会懈怠，懒于行动。7~8 年级的孩子毕竟还年少，心智发育并不成熟，不可能像成人那样有高度的自制力，这就要求妈妈努力协助孩子制订行动计划，并且随时督促孩子按计划执行。比如，规定每天晚上八点写作业，就要监督孩子按时做作业，这样按计划实行下来，孩子才会积极主动地行动，避免拖拉和找借口。

方法三：帮助孩子克服行动的恐惧

很多孩子之所以难以迈开行动的脚步往往是因为心理素质不够好，害怕困难，害怕失败，没有战胜困难和承受失败的勇气和信心，继而养成了优柔寡断、瞻前顾后的性格。

比如，很多孩子在新学期开始的时候，都在心里跃跃欲试，想要竞选班干部，可是又害怕自己失败而被别人嘲笑。结果他们在犹犹豫豫中错失了锻炼机会，即使后来硬着头皮参加了竞选，也会因为准备不足、信心不够而落败。

针对这种恐惧和担心的心理，妈妈千万不要讥笑或批评孩子，因为这会使他们更加缺乏自信，对于那些自己完全可以胜任的事情也会持怀疑态度，畏缩不前。如果孩子因为某些事情感到烦躁不安，妈妈的情绪首先要冷静下来，和孩子一起想办法，用温和的话语安慰他们，诱导他们说出心中的困惑和疑难，与他们一起分析问题的关键所在，继而一步一步地解决问题。但是，妈妈要记住，你的目的是鼓励孩子勇敢行动，而不是武断、粗暴地自作主张，代替孩子做事。

方法四：及时鼓励孩子，增强孩子的信心

很多孩子面对困难的时候，会不由自主地把它放大很多倍，然后自己吓自己，认定事情"绝无可能"。如果一个孩子没有了成功的信心，自然也就没有了行动的动力，结果将事情一拖再拖。其实，有些事并不像孩子想象中的那么难，只不过是他们对困难的高估挡住了自己前行的脚步，结果使自己失去了行动的自信。

　　一个孩子做事情总是拖拖拉拉，每天的作业总是做不完，要到很晚才能睡觉。孩子从小就很讨厌背书，语文成绩总是不及格，后来，妈妈耐心地询问孩子，孩子说："课文总是那么长，怎么可能背得会啊，总是背了前面的忘后面的。"

　　妈妈没有说话，找出了孩子的语文书，翻到《木兰辞》这一课，坚定地对孩子说："妈妈理解你的心情，但是我相信以你的智慧，一篇课文 30 分钟之内背会是不成问题的。我们现在试着背一下这篇课文好吗？"

　　孩子看着长长的文章，不由得灰心丧气起来："不用了，这么长，我肯定背不下来。"

　　妈妈还是没有多说，看着书给孩子讲解起来："在我国北魏时代，中原地区总是遭到北方游牧民族的骚扰，朝廷便规定，每一户人家都要出一个壮丁去前线抗击敌人。

　　"可是呢，有一户人家没有男孩，年迈的父母只有一个女儿，她叫花木兰。这一天，官府又发布了征兵的启示……"

　　在妈妈绘声绘色的讲解下，孩子好像回到了北魏时代，听到了花木兰在织布机前的沉思，看到了她英勇地征战沙场……

　　结果，不到半个小时，孩子就将整篇课文背了下来。这时，妈妈语重心长地对他说："看到没有？还不到半个小时就背熟了。其实只要你理解了课文的意思，以事件的顺序和人物的个性为主线，课文就会很好背。"

　　"以前你之所以背不下来，就是因为对背书的恐惧，扰乱了心神，没有心思去学，怎么能学好呢？你看，当你静下心来去背课文，不是很快就完成了吗？记住，战胜困难最好的方法就是立即行动。"

从此以后，孩子的自信心增强了，在妈妈的鼓励和帮助下，做事也不再拖拉了。

故事中的妈妈很聪明，她没有对孩子进行枯燥的说教，而是用一个成功的快乐体验给孩子证明拖拉改变不了事实，及时认真的行动才是挣脱困境的唯一方法。所以，妈妈要想让孩子养成立即行动的良好习惯，一定要让他对自己充满信心，并且努力为孩子创造成功的体验，从而增强孩子行动的动力。

习惯四：合作是最好的通行证

有一位老师在课堂上让学生们做了这样一个游戏：

这位老师先请一个孩子走上讲台，伸出自己的手，分别谈一谈每根手指头的优势和长处。学生们对这个问题很感兴趣，纷纷踊跃回答，这个说："大拇指可以用来赞扬别人，可以按图钉。"那个说："食指可以指东西，可以挠痒痒，小拇指可以抓耳朵。"……几分钟内，同学们几乎数尽了每根手指的功能。

这时候，老师又问了一个问题："哪根手指的本事最大？"

同学们又各抒己见。这时老师拿出了一个装有小玻璃球的杯子，对大家说："那么，现在就请你们用自己认为最有本事的那根手指把玻璃球从杯子里取出来！记住，只用一根手指。"

　　教室里的气氛一下子热烈了起来，每个学生都想尝试一下。可是，尽管每个人都很努力，但是仍然没有一个人能把玻璃球从杯子里取出来。这时老师不紧不慢地说："现在，你们可以用另外一根手指同原先的那一根合作。"这样，问题就迎刃而解了。

　　十指虽各有长短，但唯有合作才能发挥作用，解决问题。同样，我们作为社会人，是集体不可分割的一部分，没有人是完全孤立的。老师做这个游戏的目的是让学生们懂得，一个人在社会中不管有多大的才能，都是难以独立生存的，很多事情都需要别人的帮助和合作才能完成。人与人合作的意义也正在于此，合作不是一般意义上的人际交往，而是为了一个共同的目标结成"双赢"或"多赢"的关系。

　　在孩子的人生路上，要想畅通无阻，学会与他人合作至关重要。妈妈不要以为这都是"大人"的事，都是工作上的事，其实，孩子在学校里学会与他人合作也同样重要。比如，上台表演小品、跑步接力、打篮球、踢足球等都需要孩子与同学们的合作与配合，单靠一个人的力量是无法完成的。

　　养成合作的习惯不仅能让孩子更顺利地完成任务，而且对孩子成长的意义也非常重大，对孩子以后的生活、工作也是很有帮助的。为此，妈妈可以这样引导孩子学会合作：

方法一：教孩子感受合作的必要性

　　人生的舞台上，只要有团体，就有竞争和合作，合作精神的培养对孩子将来的人生和事业都有很大的帮助。而且合作精神，不是孩子进入了社会就自然而然拥有的，需要很长时间的培养，所以在孩子小时候妈妈就应该让他们明白合作的必要性，并对孩子的校园生活加以引导。

　　例如，妈妈可以鼓励孩子多参加一些团体性活动，像运动会上的接力

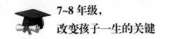

赛跑、拔河比赛、篮球、排球等运动都可以使孩子在活动中明白合作的必要性。

妈妈还可以鼓励孩子在学习上与同学互帮互助，既可以帮助他人讲解、补习自己的优势科目，同时也可以在他人的帮助下学到更多、更好的学习方法，弥补自己的不足。这就是学习中的双赢。

追求快乐是孩子的天性，妈妈也可以利用这一点教育孩子：合作不仅会给他们带来利益上的双赢，也会带来情感上的收获。比如，学习和生活上的互帮互助可以加深友情，赛场上的精诚合作可以获得荣誉。

方法二：培养孩子谦虚的心态，教孩子懂得欣赏别人

人都是不完美的，也都需要别人的帮助，这样才能将事情做得更好。合作是双方的行为，如果一个人不能欣赏对方的优点，那么又怎么能说服他人和你一起行动呢？

生活中，我们经常会看到这样一种现象：虽然有些孩子很愿意和别人合作，也愿意得到别人的帮助，但是由于他们不能谦虚地表达出自己对对方的认同和欣赏，所以每当他们提出这种想法时，总是不能得到他人热情的回应。

为此，妈妈可以和孩子一起分析这种骄傲心理的原因：是自己的学习成绩比别人好，还是运动细胞比别人发达，或者是具有很强的艺术天赋？妈妈应该让孩子知道：人外有人，天外有天，更何况，优势往往和劣势并存。妈妈还可以采取一些行动开阔孩子的视野，让他重新审视自己。例如，带孩子参加一些竞技比赛，当孩子看到更优秀的选手时，嚣张的气焰自然就会降下来。

面对不懂谦虚的孩子，妈妈还应该教会他们学会换位思考，学会欣赏他人。这就要求妈妈在日常生活中一定要让孩子知道，每个人都希望得到他人的欣赏，每个人也应该从积极的一面去关注他人。

习惯五：7+1>8 法则

很多妈妈经常抱怨，孩子学习很努力、刻苦，甚至每天都没有玩耍的时间，可是学习成绩就是提不上来，原因到底出在哪里呢？

妈妈们要知道，孩子的头脑不是机器，不是往里面塞得越多就能吸收越多。一个人的精力是有限的，倘若孩子一天到晚只知道死学，则会头脑昏沉，记忆恍惚，听起课来也是六神无主、糊里糊涂，长此以往学习成绩不仅会下降，而且还有损身体健康。

我们都曾听说过"7+1>8"的法则。所谓"7+1>8"，是指每天 7 小时内认真学习，坚持 1 小时体育锻炼，其效果远远好于 8 小时的闷头苦学。适当的休息，能够缓解大脑的疲劳，不但不会影响孩子的学习，还会促进学习效率。

所以，妈妈在关注孩子学习的同时，也要注意他的身体状况。只有劳逸结合，才能提高学习效率，才能让孩子更加健康快乐的成长。那么，妈妈怎样做才能帮助孩子做到劳逸结合呢？

方法一：培养孩子劳逸结合的观念

思想是行动的指南，当孩子认识到劳逸结合的好处和重要性，自然会适当地调整自己的学习方式。为此，妈妈可以多向孩子讲述名人高效学习的方式，利用榜样的力量来教育孩子，让他们知道有规律的休息是提高学习效率的一种方法。例如，宋代诗人陆游就很注意身体锻炼，他发明了笤帚扫地健身法，终年 86 岁，是中外著名的高产诗人。

妈妈除了要教育孩子劳逸结合的道理外，还要不断地监督孩子的执行情况。例如，每当孩子学习疲倦时，妈妈就要提醒他去室外呼吸一下新鲜空气，如果孩子喜欢的话，还可以跑跑步、做做操、打打球，这样做既休息了大脑，又保留了精力。学习起来才能更加精神振奋，记忆力增强，学

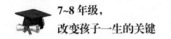
习成绩也会有明显的提高。

方法二：帮助孩子选择适合的休息方式

每个孩子的兴趣点不同，喜欢的运动休闲方式也不同。有的运动可以起到放松大脑的作用，有的则相反。生活中，我们经常会注意到很多孩子只要不学习，就会看电视，其实看电视不但起不到让孩子休息大脑的作用，还可能使孩子更加沉迷于电视。在这件事上，妈妈可以询问一下孩子的意见，根据孩子的兴趣爱好，帮助孩子找到适合他的休闲活动。比如，跳舞、乐器、和小伙伴一起打球，等等。

方法三：帮助孩子安排好时间

孩子学习努力，却没有成果的一大原因就是他们没有安排好自己的学习时间，东忙一下、西忙一下，于是时间很快就过去了，可是作业还没有做完。针对这种情况，妈妈可以采取一些措施帮助孩子安排好时间。

比如，每个孩子都有自己的学习习惯，有的孩子早上记忆力好，有的孩子则是晚上记得牢。妈妈要尊重孩子的记忆规律，把记忆时间调整到孩子记忆的最佳时段，找到最适合孩子发挥学习效率的时间来安排，这样孩子的学习才会省力很多。

妈妈还要对孩子的学习效率做出规定，避免孩子拖延。有些孩子一遇到难题，就会长时间地发呆，这样就会严重地影响学习效率。为此，妈妈需要对孩子的做题时间做出规定，对于不会的问题，没有必要一直想下去，而应该先做自己会做的题目，最后，如果翻看书本还是做不出来，就要请教妈妈和老师。这样，孩子的学习效率才会大大提高。

妈妈要帮助孩子选择适当的学习时间。很多妈妈都希望自己的孩子能够抓紧每一分、每一秒去学习，其实，并非所有的时间都适合学习。从生理学上讲，吃饭前后一小时是学习效率最低的时候，所以与其强制孩子在这个时间学习，倒不如让孩子出去运动一下，当孩子的身心得到放松了，才能以更好的状态投入接下来的学习中去。

方法四：教会孩子全神贯注的学习方法

有些妈妈看到孩子不及格的成绩单，就会为自己家的孩子打抱不平，认为孩子学习很认真、很努力，每天晚上不到 11 点都不睡觉，可是成绩却没有多少起色，觉得孩子很冤枉。

其实这些孩子一点儿也不冤枉，虽然他们一直在学习，但是他们的注意力并没有完全地集中，所以学习效率才会很低。为了使孩子学习时注意力更加集中，妈妈可以这样做：

收走孩子书桌旁容易分散他们注意力的物品，如零食、小说、杂志、手机、玩具等，孩子手边没有什么可以玩儿的东西，自然会收心。孩子学习的时候，除非他有问题想要请教你，否则请不要和孩子说话、闲聊，这样，孩子的注意力就不会被打断，才能更好地集中精神去学习。

习惯六：责任感为未来加码

现如今很多妈妈经常会有这样的感慨："孩子没有一点儿责任感，回到家什么都不做，也不体谅大人，好像任何事都与他无关。"特别是孩子到了青春期，更是让妈妈伤感，"亲人像变成了仇人"，哪儿还有什么责任感可言。

现在的孩子绝大多数是独生子女，由于家庭对他们的过分关心和宠爱，形成了让他们以自我为中心的心理，对妈妈为家庭生活的辛苦劳作不闻不问，对他人的遭遇和困难冷淡、漠视，不懂得理解妈妈和他人的感情，不能体谅别人的痛苦和难处，处处从自己的利益出发。很多孩子对自己、对

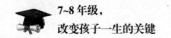

妈妈、对他人、对班级都不负责任。这不能不让人担心。

一位大公司的老板曾经讲过这样一个故事：

> 一位面试者来他的公司应聘，经过交谈，老板觉得这位面试者并不适合他们公司的工作。因此，老板很客气地和这位面试者道别。
>
> 然而，当面试者从椅子上站起来的时候，手指不小心被椅子上冒出来的钉子划了一下。于是面试者顺手拿起老板桌子上的镇纸，把冒出来的钉子砸了进去，然后继续和老板道别。
>
> 就在这一刻，老板突然改变了主意，他决定留下这位面试者。
>
> 事后，这位老板说："我知道在业务上他也许未必适合本公司，但他的责任心的确令我欣赏。我相信把公司交给这样的人，我会很放心。"

我们每个人都肩负着责任，对工作、对家庭、对亲人、对朋友，我们都有一定的责任，正因为存在这样或那样的责任，才能对自己的行为有所约束。社会学家戴维斯说："放弃了自己对社会的责任，就意味着放弃了自身在这个社会中更好的生存机会。"可以说，没有责任心的人无论走到哪里，都将一事无成。

那么，妈妈应该怎样培养孩子对自己行为负责的习惯呢？

方法一：言传身教

责任感对于一个人来说是极其重要的，孩子的责任心需要父母言传身教，从小培养。教育家陶行知说："我要儿子自立立人，我自己就得自立立人。我要儿子自助助人，我自己就得自助助人。"同样，想要培养孩子的责任感，妈妈先要做到敬业爱岗，有强烈的责任感。

世界著名化学家、炸药的发明者阿尔弗雷德·诺贝尔对社会做出了卓越的贡献。他说，他的责任感就是来自父亲的言传身教。

诺贝尔的父亲老诺贝尔对研制炸药就特别感兴趣。一次，诺贝尔问父亲："炸药是伤人的可怕东西，为什么还要研制它？"

老诺贝尔这样回答："虽然炸药会伤人，但是，我们要用炸药来开凿矿山，采集石头，修筑公路、铁路、水坝，为人民造福。"

听了父亲的话，诺贝尔接着说："我长大了，也要研制炸药，用它造福人类。"可见，父亲的责任感、事业心对诺贝尔的影响真的很大。

孩子的模仿能力是很强的，在他还没有理解父母行为意义的时候就已经学会按照父母的行为方式生活了。这就要求妈妈重视身边的小事，加强自我责任感，给孩子树立一个好的榜样。

方法二：让孩子学会处理自己的事情

现在有些妈妈过于宠爱孩子，当孩子遇到一些事情的时候，妈妈总想替孩子解决，希望能为孩子留出更多的时间去学习。事实上，这会大大损害孩子责任意识和担当的培养。责任心是孩子做人、成人的基础，有责任心的人，首先要有一定的道德水准，否则它也不可能对事情负责任。责任心也是一个人做事情的标准之一，没有责任心的人是不可能认真做事的。因此，要想培养孩子的责任感，就必须让他们养成对自己的行为结果负责的习惯。

在家庭生活中，一定要有明确的分工，妈妈应该分配给孩子一些力所能及的家务，让他明白有些事情是他自己的事，而不是妈妈的事。让孩子学会处理自己的事情，目的就是要帮助孩子克服依赖性，培养独立性，让孩子学会独立思考问题、独立解决问题。这样，孩子才知道一个人要对自己的行为负责。孩子只有学会了对自己所做的事情负责，才能逐步地发展为对家庭、对他人、对集体、对社会负责。

方法三：让孩子懂得自己行为的后果

著名教育家茨格拉夫人说："必须教育孩子懂得他们不同的一举一动能产生不同的后果，这样，随着时间的推移，孩子一定会变得很有责任感的。"

妈妈只有让孩子学会对自己的行为负责，他才会对什么事应该做，什么事不应该做有正确的判断。当孩子明白了要对自己的行为负责之后，就会慎重地行动，养成冷静、认真的行事风格，而这些优秀的习惯对其一生都会产生极大的影响。

生活中，孩子做错事总是难免的，在孩子犯错时，妈妈就可以利用这个机会，让他学会承担责任。

某个孩子与同学发生了争执，结果不慎将对方打伤，孩子的父母非常生气，但是他们没有像很多父母那样替孩子向受伤的同学认错，而是让孩子自己去同学家里道歉，并且赔偿其医药费，甚至还要求孩子在那段时间里好好照顾受伤同学的饮食和学习。

孩子在照顾同学的过程中，亲眼看到了自己给别人带来的伤痛，经过那件事后，孩子的脾气收敛了很多，也更加有担当了。

方法四：教会孩子"心中有他人，对他人负责"

人是群体性动物，所以一个人不光面对家人要有责任感，面对朋友、他人甚至是陌生人也要有责任感。心中有爱，关心他人，善待他人，在必要的时候帮助他人，这是培养孩子责任心的基础。

为此，妈妈要从生活中的细节做起，教会孩子主动关心、照顾周围的人。例如，在公共场合，扶老携幼；在班级里，要对同学热情关心，支持、欣赏他人的努力和成绩；在邻里之间，学会照顾比自己小的孩子等。

习惯七：控制时间比珍惜时间更重要

爱因斯坦认为，怎样控制时间是人与人之间的最大区别。一个人出生时，世界送给它最好的礼物就是时间，不论这个人是贫穷还是富有，这份礼物是最公平的。在同样的时间里，很多成功的人之所以会取得世人仰慕的成就就是因为他们会支配时间，懂得怎样在同样的时间里做比其他人更多、更重要的事情。成功者都具有一流的时间管理能力，他们可以分清事情的轻重缓急，每一分钟都不浪费。

进入中学以后，妈妈发现女儿芳芳的时间越来越不够用了，每天做作业总是做到很晚，做一道题要反反复复折腾好久；早上要叫她好几遍才肯起床。一回到家就拿起电视遥控器看个没完，怎么说也不听，还嫌妈妈唠叨。妈妈多说几遍，她就生气地把自己关在房间里，说什么也不肯出来。

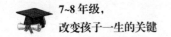
进入青春期以后，很多妈妈都反映孩子不像小时候那样懂事了，做事拖拖拉拉，不珍惜时间，该做的事没有做好，不该做的事却磨蹭个没完。妈妈们经常很无奈，但是采取了很多方法改正孩子的毛病，都没有什么效果。

其实，相对于成人，孩子的时间观念还不是很清晰，他们总是觉得自己的时间很多，用也用不完，不知道珍惜时间，也还没有学会掌控时间。所以，妈妈必须担负起责任，培养孩子控制时间的习惯和充分利用时间的能力。

方法一：教孩子学会测量时间

很多家长抱怨孩子没有时间观念，做事磨磨蹭蹭，没有效率，既费了心力、体力，又没有收到预期的效果。其实，这与孩子对时间的错误认识有关。很多孩子认为时间是永无止境的，像一条长河，一天天地延续下去。他们从来没有想过时间是成段的，可以根据不同的事物划分为不同的长度。很多孩子并不知道自己做一件事情要花多长时间，又怎么能很好地控制时间呢?

这时候，为了帮助孩子养成掌控时间的好习惯，妈妈首先要让孩子形成时间观念，建议孩子测量一下写一篇作文需要花多长时间，组织一次活动如打球、举办生日晚会、看电视等花费了多长时间。

然后，引导孩子制定好每天的事件／时间分布表，这样，孩子就能通过直观的量表去衡量每件事花费多长时间是正常而合理的，进而增强做事的效率，节约时间。只有让孩子养成把每件事和时间挂钩的观念，孩子才会真正意识到时间的存在和珍贵，才能养成珍惜时间的好习惯。

方法二：有节制地收看电视节目

只有学习没有玩乐，再聪明的孩子也会变成书呆子，劳逸结合才有助于孩子的正常发展。出于让孩子放松的目的，很多妈妈都会允许孩子在一定时间内进行一些娱乐活动，而看电视无疑成为很多孩子的首选。

出于爱玩的天性，孩子可能会对很多电视节目都表现出浓厚的兴趣，但又缺乏选择节目的自觉能力，因此难免会在看电视上浪费很多时间。这时，妈妈可以采取和孩子民主商议的办法，找出孩子想看且妈妈希望他看并对他有一定帮助的电视节目，然后商定出合理的看电视的时间，养成有节制地收看电视节目的习惯。

方法三：养成合理控制时间的观念

时间管理是成功的关键要素之一。做一件事情之前，当你学会合理地控制时间，才能使你的努力获得最大的回报。然而，生活中我们经常会看到有些人很长时间冥思苦想一个问题却仍然没有结果。这样不仅会在无形之中把时间浪费掉，而且也很难取得理想的成果。

很多孩子在面对学习上的难题时，明明知道没有及时解决问题的能力，却依旧恋恋不舍，迟迟不肯做出决定。这种学习态度很容易影响孩子的学习效率，导致他们情绪不稳定。这时，妈妈要学会化解孩子的焦虑心理，告诉他们，不会的问题不妨先放一放，解决容易处理的题目，然后再集中精力解决难题，也许就会有思路了。

第七章

7~8 年级，孩子健全的素质比高分更重要

　　　　每个妈妈都希望自己的孩子今后能独立、自强、幸福，而这一切都需要妈妈耐心的培养。分数只是衡量孩子学习的一个指标，而"非智力因素"则是影响孩子未来的人生能否优秀和幸福的关键。尤其是 7~8 年级的孩子，良好的人生品格和生活习惯正是在这个阶段形成和确定的。妈妈一旦在这个时候放松了对孩子的教养，其结果将得不偿失。

7~8 年级，所有的梦想都扬帆起航的时候

　　7~8 年级的孩子面临身体和心理的极大变化，他们似乎一夜之间长大成人，精力旺盛，兴趣广泛，对人生充满幻想和希望。这个年龄阶段的孩子逐步建立起较为成熟、更加符合社会规范的思想观念和行为模式。随着成熟的临近，他们高飞的羽翼正在渐渐丰满，所有梦想都到了扬帆起航的时候。

对妈妈们来说，这一阶段的教育，关系到孩子一生的成败。

1. 7~8 年级是孩子良好习惯养成的黄金时期

从心理机制上看，一种习惯一旦形成，就会变成人的一种需要，如果不这样做就会感到很别扭，因而习惯具有自动化的作用。它不需要别人的督促、提醒，不需要自己的意志力，这也就是我们平常说的"习惯成自然"。习惯是一种省时、省力的自然行为。如果孩子能养成各种好习惯，将会受益一生。

1978 年，75 位诺贝尔奖获得者在巴黎聚会。人们对于诺贝尔奖获得者都非常崇敬。有位记者在采访其中一位诺贝尔奖获得者时问道："在您的一生里，您认为最重要的东西是在哪所大学、哪所实验室里学到的呢？"

这位白发苍苍的老者平静地回答："是在幼儿园。"

记者感到非常惊奇，又问道："为什么是在幼儿园呢？您认为您在幼儿园里学到了什么呢？"

老者微笑着回答："在幼儿园里，我学会了很多很多。比如，把自己的东西分一半给小伙伴们，不是自己的东西不要拿，东西要放整齐，饭前要洗手，午饭后要休息，做了错事要表达歉意，学习要多思考，要仔细观察大自然。我认为，我学到的全部东西就是这些。"

所有在场的人对这位诺贝尔奖获得者的回答报以热烈的掌声。

其实，大多数科学家都认为，他们终生所学到的最主要的东西，就是从小养成的良好习惯。7~8 年级是孩子各种行为习惯日趋稳定的时期，在

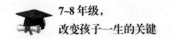
这段时期内，孩子的习惯养成至关重要。良好的行为习惯是每个人都希望具备的，但倘若父母不注意引导和培养，让孩子形成了坏习惯，就可能会出现不利的局面。

习惯决定孩子的命运，再也没有什么比习惯养成更重要了。妈妈如果不注重培养孩子的良好习惯，无疑是在葬送孩子美好的未来。

2. 7~8 年级是孩子学习积累知识的重要阶段

7~8 年级是孩子系统地学习基础理论知识的主要阶段，此时，他们的心智日趋成熟，思考方式也由原来的形象思维向抽象思维发展，很多学习习惯和学习思维都在这个阶段形成，并影响着孩子的一生。

学习能力与大脑的机能有关，是在运用智力、知识、技能的过程中，经过反复训练而获得的。一个人的学习能力往往决定了一个人竞争力的高低，也正因为如此，无论是对于个人还是组织，未来唯一持久的优势就是有能力比你的竞争对手学习得更多、更快。而一个人提高学习能力的关键年龄段是在 10~16 岁，因为这个阶段是人的大脑、心理、生理发展的黄金时期。无数实践证明，在这个阶段，从大脑潜能开发、思维训练完善、健全人格训练、心理辅导、行为训练等方面着手，对孩子的学习能力进行提高，会让孩子终身受益。

3. 7~8 年级是孩子优秀品质定型的重要时期

7~8 年级孩子的生理机能逐渐成熟，特别是大脑高级神经活动水平的提高，为其人格的发展奠定了基础和前提。再加上家庭、学校和社会对孩子的要求比幼儿和儿童时期有所提高，而且孩子的自我意识正在逐渐增强，知识经验也越来越丰富，他们的人格也得以逐渐完善和定型。可以说，孩子诸多良好的品质，都是在这一阶段形成的。

与此同时，随着孩子自我意识的不断发展和抽象逻辑思维能力的提高，他们开始更多地运用社会价值和社会意义来衡量和评判许多社会现象，开始关注人生、思考人生。他们在家庭、学校和社会实践活动中获得了价值标准和道德规范，学会了与谋生有关的本领，发展和养成了独立性、创造性。

在这一阶段的初期，他们刻意模仿理想中的榜样和楷模，到了后期，他们已经能够调节和控制自己的行动，有了行动的自觉性和目的性，基本掌握了一些行为规范和处事标准。他们的行动已带有鲜明的、独特的个人色彩，其性格特征和表现已趋于稳定和定型。诸多影响一生的品质，比如责任心、爱心、诚实、善良、宽容、感恩等，都是在这一阶段形成的。

由此可见，7~8年级是孩子一生中能力培养的关键时期，妈妈要抓住这一黄金时期，从各个方面加强对孩子基本素质的培养，为孩子日后扬帆远航打下坚实的基础。

叛逆期，让孩子学会自我约束

"您说现在的孩子，一天不督促他就把学习忘了，说一遍两遍都没用，像没长耳朵一样，他咋就不知道自己学习呢，嘴皮子都磨破了，一点儿用都没有！"

"为了让孩子自主学习，我们家保持极度的安静，生怕孩子受到影响，但孩子学习怎么还是不自觉？"

"现在的孩子学习怎么这么令人费神？我们当初可不是这样的，父母根本就不管我们的学习。"

如今，越来越多的父母都在抱怨孩子学习不自觉，让人操心。其实不仅是学习方面，很多孩子在生活上的自我约束能力也很差。例如，经常沉溺于网络游戏，注意力不集中，违反学校纪律，冲动，打架，做事没有时间性、计划性等，自我约束力差成为很多妈妈对孩子的共识。特别是很多孩子有着良好的天赋，但是，由于缺少自我约束能力，把自身的天赋白白地浪费了，甚至有的还走入歧途，令人痛惜不已。

根据心理学的解释，自我约束力差的孩子大多心理成熟度低，而心理成熟度低的人，不太容易适应不断变化的环境，总是依感情喜好做事，不太容易形成良好的自我控制力。

对此，教育专家给妈妈提出了以下几种帮助孩子养成自制能力的方法：

方法一：妈妈首先要检讨自我，自己的行为是否导致孩子自我约束能力的低下

为什么孩子在学习、生活上总爱依赖人、缺乏主动性？妈妈不妨看一下自己是否有以下这些行为：

孩子是家中的独苗，养成了衣来伸手、饭来张口的习惯。学习上，一旦遇到难题，妈妈便上阵解围。

孩子从小学开始，就被迫四处奔波参加各种培优班、补习班。妈妈对孩子的期望很高，孩子考了班级第一，还希望是年级第一；孩子考了 99 分，还希望孩子考个 100 分。

妈妈的眼睛总是盯着金字塔的塔尖，于是，便没完没了地批评和指责孩子，孩子很难得到妈妈的肯定。

妈妈经常对孩子说："孩子，你要好好学习，将来考个好高中、好大学，毕业后找份好工作，这样才能过上好生活。"

当孩子的书本忘在家里时，妈妈一接到孩子的求助电话，便放下手上的工作，赶忙送去；孩子一遇到难题，妈妈便将袖上阵；孩子犯了错，妈妈主动做检讨。

也许很多妈妈并没有发觉这些行为有什么不妥，然而，正是这些"关爱"掐灭了孩子学习的积极性，影响甚至毁掉了孩子自主学习的能力。

首先，妈妈对孩子过度的包办和关爱，就会限制孩子自由发展的空间，当他们需要做出自主选择的时候就会变得束手无策。

其次，孩子缺乏学习的动力。如果孩子从小就被剥夺了玩耍的权利，将来对学习不但没有兴趣，很可能还会厌恶学习，自然就体验不到学习的成就感和快乐，自然不会主动学习。

最后，如果妈妈给予孩子过分的"帮助"，就会给孩子一个不良的暗示——学习上遇到了困难，就去找妈妈，这样就会剥夺孩子学习的责任意识，让孩子对学习不负责任。

所以，妈妈要想让孩子养成自主学习的习惯，首先需要反思一下自己的教育方式是不是恰当。任何人的成长都遵循这样一个规律：自主、独立的意识是随着年龄的增长而不断增强的。有人打了一个比方：小学学习是老师抱着学生走，初中学习是老师牵着学生走，高中学习是学生跟着老师走。7~8 年级的孩子正处在可塑性较大的阶段，只要妈妈采用切实可行的方法，就可引导他们自主学习。

方法二：妈妈要加强孩子心理素质方面的训练

对于 7~8 年级的孩子来说，由于他们的思维能力尚不成熟，所以自我约束能力的提高主要来自平时行为习惯的养成。为此，妈妈要引导孩子学会面对来自各方面的"引诱"，克服意志的薄弱，以提高孩子的自制能力。

首先要想教育好孩子，离不开妈妈的表率力量，要想孩子有很好的自控能力，妈妈就应该有良好的约束自己的言行和情绪的能力。

另外，妈妈应以一致的态度对待孩子，让孩子知道什么事情可以做，什么事情不允许做，这样孩子才能逐步建立起抑制不良行为的能力。需要提醒的是，当孩子做出一些缺乏自制力的事情时，比如，打坏东西、弄破

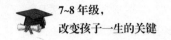

衣服等，妈妈应容忍孩子的这种行为，耐心地跟他讲明道理，而不是以粗暴的方式对待有过失的孩子，否则孩子很可能会产生抵触情绪。

选择能力——让孩子走向成功

现如今，越来越多的家长已经意识到，在未来多选择的世界里生存的孩子，光靠死读书是远远不够的，具有独立选择能力的孩子往往更能立足于社会。

然而，现实情况却是我们的孩子被大人安排得太多，他们能自我选择的机会和空间都特别少。多年以后，当这些孩子日渐长大，我们以后看到这样一幕：他们往往不知道怎么选学校，不知道怎么选专业，不知道怎么选工作，不知道怎么选对象……反之如果父母在孩子的成长过程中，注重培养孩子的独立选择能力，将孩子的主观能动性激发出来，孩子的生存能力将大大增强。

每个孩子都是一个独立的个体，他们要想在这个复杂、多变的社会里生存、竞争、成功，必须早早地学会自主选择。可以说，选择能力是一个人将来立足社会必不可少的一种基本能力。前谷歌（Google）全球副总裁、中国区总裁李开复曾讲过这样一件事：

有一位中国留学生看完了我的《写给中国大学生的第三封信》后感触很深，他写了一封信给我，信中说："很小的时候，我的目标就是长大，长大了做什么，我当时没有想过；读小学的时候，妈妈给我定的目标就是考初中，考上初中做什么，我没有想过；读初中的时候，妈妈给我定的目标就是考高中，考上高中做什么，我没有想过；读高中的时候，妈妈给我定的目标就是考大学，考上大学做什么，我没有想过；上大学的时候，妈妈给我定的目标就是要出国，出国做什么，我也没有想过；现在留学拿到了学位，要找工作了，下一步我该做些什么呢？这次，我要好好地想一想。谢谢你的'第三封信'，它唤醒了我埋藏了 25 年的进取心，它改变了我 25 年来被动的生活方式。从今天开始，我要积极主动地为自己而生活！"

这位中国留学生 25 岁才想到自己"有选择的权利"。为什么会产生这种情况呢？因为，很多妈妈对孩子的关爱特别深，生怕孩子在成长的道路上受到一点儿挫折、伤害，习惯了使用越俎代庖的方式，替孩子设计人生规划；很多孩子也习惯了听从妈妈、老师的安排，这就导致这些孩子从小就不知道什么叫"选择"。

请问妈妈们，你给了孩子选择的机会吗？你教会他怎么做选择了吗？

方法一：不要用太多的规矩限制孩子的自由

很多妈妈都有这样的矛盾：对孩子管得太严，孩子就会不满意，总是反抗，自己也觉得很累。可是，一旦放松了对孩子的管制，她们又不放心，整天担心这担心那。

作家刘墉曾说："以前我也对儿子的事安排得面面俱到，但后来我发现这其实养成了他做事不负责任的习惯。而且父母的过度包办，也让孩子变得没有礼貌、不懂得珍惜。"这就说明，凡事都包办代替的妈妈反而会害了孩子，让他学会自己对自己负责反而会成就他。

孩子早晚都得脱离妈妈的视线，自己对自己负责。所以，与其事事监管周到，不如早早就让孩子树立这样的意识：每个人都不是别人的附属物，应该努力使自己从被动转向主动，成为自己未来生活的主人。妈妈要让孩子去做他自己喜欢做的事，让他自己有一片可以发挥的天地。

方法二：不要惩罚失败

很多妈妈都善于使用惩罚的方式来引导教育孩子。需要注意的是，你首先要分清你想惩罚的是孩子不良的行为，还是"失败"这个令你不能满意的结果。

很多妈妈本身就不能正确看待和容忍失败，面对让其失望的局面，她们往往很难控制自己的情绪，从而对孩子严厉指责甚至语言中伤。

你可以惩罚孩子懒惰、依赖、逃避、不负责任等不良行为，但是不要惩罚孩子的失败。因为在决定做一件事的时候，孩子要付出很大的勇气，在做这件事的过程中，他也要付出很多的努力。同时，处于青春期的孩子，他们的自尊心都很强，非常期望得到父母的认同。一旦遭遇失败，孩子其实也很自责，如果这时妈妈再不分青红皂白地加以指责和惩罚，很可能就会挫伤孩子自主决策和行动的动力，他们以后就会回避做出决定的行为，因为如果一切都由大人做决定，即使失败他也不会承担那么大的压力。所以，妈妈要想培养孩子的自主能力，千万不要惩罚他的失败行为。

方法三：不要过多地插手孩子的事务、剥夺孩子的选择权

一位成功人士在回忆自己小时候受到的教育时，说：

"我的妈妈对我积极主动的人生态度的培养很早也很及时。记得 5 岁的时候，我觉得幼儿园的课程太简单了，于是就主动跟妈妈说我想跳级读小学。妈妈建议我还是按部就班地读书，等到有足够的能力时再去读小学。

"为了学到更多的知识，我大胆地提出：'让我尝试一下好吗？如果我的能力不够，我就没法通过小学的入学考试；可如果我通过了考试，就表明我有这样的能力，那你就应该让我去读小学.'她爽快地把决策权交给了我:'考上了就让你读.'于是我努力读书,最后以高分考进了私立小学。

"当时母亲带我去看'放榜'时,她看到我的名字排在榜首的那份兴奋,今天想来依然记忆犹新。妈妈给了我这样一个自主选择的机会,让我懂得,只要大胆尝试,积极进取,我就有机会得到期望中的成功。这也为我日后自信、积极的人生态度奠定了坚实的基础。"

不得不说,这位妈妈是一个开明的母亲,她没有从自己的观点上去否认孩子,而是为孩子敞开了大门。

有的妈妈总是觉得自己为孩子指引的都是通向成功的最佳路径,孩子只有服从的权利。其实,作为一个合格的妈妈,不要什么事情都对孩子说"不",而是应该多给孩子一些选择的机会。毕竟孩子生活的环境与妈妈的小时候的生活环境不同,有很多新的问题以妈妈的经验是难以应对的。重要的是,妈妈要尊重孩子选择的权利。

策划能力——让孩子做事前成竹在胸

让我们先看这样一个故事:

海伦 12 岁的生日马上就要到了,她已经盼望好久了,因为她早就听大人说过 12 岁生日需要过得隆重一些,她暗暗准备着要过一个与以前不一样的生日。那么,这个生日怎么过呢?海伦已经把计划写下来了:

办一个生日舞会(这是必需的,要邀请所有的好朋友参加)。

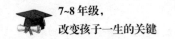

舞会后看 3 个小时的电视(好久没看电视了,非得过过瘾不可,老爸老妈一定会答应的)。

给妈妈买一个漂亮的水杯,谢谢妈妈。

劝说老爸老妈不参与我们的活动,我们要独立(这很重要,他们太唠叨了)。

……还没想起来,待定。

这个看似简单的"生日计划",却体现出了海伦优秀的策划能力,可能孩子并不知道什么叫策划,但生活中却处处体现着策划。从考试复习计划到假日旅游,哪一件事不是先有计划和准备,然后才有行动的呢?这些计划和准备,就是对生活的策划。

策划其实贯穿着人的一生,美国著名成功大师皮尔理曾说:"每成一件大事,背后都有一场预谋已久的'策划'。没有策划的人生就是没有准备的,多半盲目而失败。一个成大事的人,总是运筹帷幄,善于规划。"

善于策划是一种能力,能让一个人少走很多弯路,善于策划的人更能从容面对挑战、渡过难关。而孩子策划能力的高低更是直接影响其未来的职业发展,因此妈妈要从现在开始逐步锻炼孩子的组织策划能力。下面几种方法就有助于培养孩子的策划能力:

方法一:帮助孩子树立全局、整体的观念

现实生活中,策划任何一个项目都要综合考虑很多错综复杂的因素,这就要求父母从小培养孩子用全局、整体的观念看待问题,从整体上把握事物发展的规律和相互联系。这样,孩子在行动时,才能照顾全面,及时关注事物的变化,做出正确的决策。

如果只是单纯的说教,孩子可能很难真正理解什么是整体、全面,为此妈妈要学会放手,让孩子去策划一些活动。例如,让孩子负责制订家庭

的假期出游计划，孩子在制订出游计划时，必然要考虑各方面的因素，如地点，哪些地点适合一家人假日去游玩；天气，目的地的天气状况怎样，会不会影响游玩计划；交通工具，使用什么工具既便捷又省时；携带物品，旅游途中需要用到哪些用品；票务，往返的车票是不是可以顺利买到；就餐饮食，等等。

在孩子的策划过程中，妈妈要教会他从相互关联的整体角度去看待问题，从这些细节项目中，整体考虑，制订出游计划。经过这样的锻炼，孩子的全局意识和整体观念就能逐渐培养起来。

方法二：培养孩子的分析能力

在这个信息错综复杂的时代，要想培养孩子的策划能力，让孩子具备一定的分析能力也必不可少。分析能力有助于孩子在纷繁复杂的各种事物中，让思考不再低效、盲目，通过分析，可以有针对性地提出相应的解决办法。分析能力的养成对孩子的思维发展起着至关重要的作用。

一些著名的儿童教育专家和儿童心理研究专家认为，语言在孩子理解和分析能力的培养上有着重要作用。语言是人类思维的载体，高速、有效的信息加工以及深度的抽象思维，都有赖于语言，当一个孩子听得多了、说得多了，他的逻辑思维能力也会随之发展，理解、分析能力也会随之增强。

所以，要想培养孩子的理解和分析能力，妈妈要尽可能多地与孩子交谈。经常性的交谈不仅可以增强孩子的语言表达能力，而且可以促进孩子的逻辑思维。

当然，妈妈与孩子交谈也有一定的技巧，不能漫无目的地随便聊天，而是要找到某一话题，有意识地将谈话内容由浅入深地与孩子进行讨论。有时，妈妈还需要把自己的思维过程向孩子描述一下，如开始是怎么想的，后来又是怎么想的，以及为什么会做出这样的改变等，这样就间接地教会

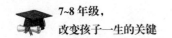

了孩子分析问题的基本方法。

从这种聊天式的深入分析中，可以逐步培养孩子独立思考的能力和有效解决问题的能力。

另外，妈妈还可以经常举出一些实际的问题，训练孩子的分析、判断能力，也可以在实际生活中让孩子试着去分析一些现象。

方法三：教孩子认清事物之间的联系，全面考虑问题

很早以前，有一座古城，城门下有个池塘，鱼儿在池塘里自由自在地生活着。忽然有一天，城门上起了大火。一条鱼儿见了大叫道："不好了，城门着火了，我们赶快逃跑吧！"但是，其他鱼儿不以为然，认为城门失火，离它们居住的池塘很远，用不着大惊小怪，更没有必要逃跑。

结果，除了那条逃跑的鱼儿外，别的鱼儿都遭了殃。因为城门失火后，人们从四面八方赶来救火。大家都从池塘里取水往城门上泼，不一会儿，城门上的火就熄灭了，但池塘里的水却被淘干了，没有逃走的鱼儿全都因缺水而死了。

这就是"城门失火殃及池鱼"的成语典故，它说明事物都是相互联系的，我们做事也是这样，要遵循事物的客观规律。

7~8 年级的孩子，思维水平还很单一、片面，没有形成辩证思维，他们制订计划的时候，常常把情况理想化、单一化，忽略了事物的客观规律和普遍联系，因此计划一旦实施起来便会遇到各种困境。

这时，妈妈就要耐心地劝导孩子，告诉他们，有良好的愿望自然很好，但是在制订计划的过程中，要学会多角度、多方位、全面思考问题，让孩子养成爱动脑筋、善于独立思考问题的好习惯。

为此，妈妈可以在日常生活中指导孩子善于发现并思考事物的发展规律。例如，有一天你带孩子开车出行，不巧的是，小区附近的一条马路塞车了，在等待的过程中，你可以和孩子探讨一下为什么平常那么畅通的道路今天会发生拥堵呢？当孩子看到路边幼儿园门口排起的长队时就会明白了，原来今天是幼儿园报名的日子，很多父母为了争抢入园名额便早早地过来排队，结果造成了道路堵塞。孩子经常进行这种思维锻炼，就会不自觉地学会全面思考问题，学习成绩和学习能力也会得到很大的提升。

创新能力——让孩子积极尝试，勇于创造

1997 年诺贝尔奖获得者朱棣文说："美国学生的成绩不如中国学生，但有创新及冒险精神，往往能够创造出一些惊人的成就。"杨振宁说："西南联大教会了我严谨，西方教育让我学会了创新。"物理学家李政道教授在中国科技大学和少年班同学座谈时说："最重要的是创造能力，是要能带头，而不是人家带头你跟在后面走。这里，关键在于学得活，面要宽，把学习当成生活的一部分，当成一种乐趣。"

现如今，有这样一种教育现象：有些父母总是把更多的时间、精力和财力投入对孩子的知识灌输和应试技巧的培养方面，虽然孩子表现得比较出色，但是这却让我们的孩子在少年时期看起来更加成熟，尤其是当孩子再大一些的时候，和欧美等发达国家的孩子比创新能力时，我们的孩子往往自愧不如。可见，创新能力的缺乏对孩子的影响有多重要。这让我们不由得想到了一位教育家做过的一个实验：

教育家首先来到一家幼儿园，用粉笔在黑板上画了一个圆点，问小朋友："这是什么？"孩子们的答案千奇百怪：扣子、

花生米、没有尾巴的蝌蚪，有的小朋友甚至撩开自己的衣服，说是自己肚子上的痣，令人不由惊叹于孩子想象力之奇特。

接着教育家来到一所中学的教室，在黑板上画了同样一个圆点，问教室里的学生："这是什么？"学生们把答案仅仅局限在"小数点、分隔符"等课本里的内容。

最后，这位教育家来到大学，在黑板上画了同样一个圆点。他问大学生们："这个圆点是什么？"大学生们想了很久，最后有人小心翼翼地回答："可能是个小数点吧？"

相信这个广为流传的故事有着无数个版本，我们也无法考证这个故事的真实性，但它比一百个教育报告更能一语中的地指出当前教育存在的严重问题。面对现实，我们不禁要问：孩子们的想象力和创造力哪儿去了？怎样才能把创造力还给我们的孩子？最重要的是，父母为提高孩子的创造能力能做些什么呢？

方法一：给孩子营造一个民主的家庭氛围

2003 年，南京的一位中学生华演参加了第 53 届"国际科学与工程学大奖赛"，他凭借"记忆合金全自动保护安全煤气灶"的发明专利项目，获得了大赛一等奖。为此，在美国举办的材料科学夏令营主办方向他发出邀请，并且承担他参加夏令营的所有费用。清华大学也表示，不管他的高考成绩怎样，都会对他进行破格录取。

据了解，华演从小就对做实验非常感兴趣，他在家里还建了一个简陋的小实验室。最初，华演的父母还担心他对实验的着迷会影响考试成绩，所以并不赞成他做实验。不过，当父母看到他对实验有着超出常人的执着时，决定尊重孩子的意愿，并大力支持他"不务正业"。

华演之所以能取得这样的成就，和他的家庭氛围是分不开的。在一个民主、平等的家庭氛围中长大的孩子，他们往往心情放松、思维开放，头脑也更容易闪烁出创造的灵光。所以，妈妈要为孩子营造一个民主、宽松的氛围，尊重孩子的人格，尊重孩子的选择，要让孩子敢于说"不"。否则，如果父母过分专制，过分地强调孩子一定要"听话"，只会让孩子不敢越雷池半步，而且这种高压的家庭氛围，也势必会将孩子的自主意识和创新欲望都磨灭掉。

方法二：鼓励孩子标新立异，突破思维定式

有一个著名的例子，是说一位数学系毕业的高材生被爱迪生相中。在一次实验中，爱迪生让他计算灯泡的体积，这位高材生运用他在高校学到的数学理论推算了半天，也没有得出结果。这时，爱迪生看到了，笑着说，其实你只要把灯泡泡在水中，再用量筒量出溢高的水的体积，结果不就出来了吗？

很多时候，我们的孩子受所谓的标准答案的影响，想法常常被思维定式的惯性力量给框了起来，失去了标新立异、独立创新的勇气。

为此，妈妈要善于捕捉孩子思维中创造性因素的闪光点。比如，在学校的作业上，要鼓励孩子一题多解，鼓励孩子提出标新立异的观点。也许这些别具一格的想法可能会因为与标准答案不符而失分，但是这不能成为抑制孩子创新的理由。因为，分数只是孩子应试才能中的一个方面，创新能力远比死板的分数重要得多。只要孩子解题方法巧妙，就算结果错了也

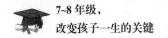
要及时给予鼓励。

方法三：培养孩子的怀疑精神

许多生物学家都认为，蜜蜂没有发声器官，它发出的声音是靠翅膀的振动来完成的。不过，一位名叫聂利的小学生却在自己长期的认真观察中发现："蜜蜂有自己的发声器官，它不是靠翅膀振动发声的。"为此，12 岁的聂利专门撰写了一篇《蜜蜂并不是靠翅膀振动发声》的科学论文，而且还在兰州市第 18 届全国青少年科技创新大赛上荣获优秀科技项目银奖和高士其科普专项奖。

聂利小小年龄就有了这样杰出的科学发现，凭借的就是一股"初生牛犊不怕虎"的怀疑精神。对权威的怀疑往往是创造的开始，华中师范大学的一位教授说："现在不少孩子受惯性思维的影响，顺着成人模式想问题，很少从相反方向考虑。这非常不利于从小培养孩子敢想、敢做的品质。"

如果想让孩子具有怀疑精神，妈妈就不要过于在意孩子的考试分数和班级名次，不然很可能会把孩子逼迫成分数的奴隶，而是应该充分尊重孩子对权威的质疑——不管这种质疑正确与否，妈妈都要对孩子敢想敢为的性格给予充分的肯定。

实践能力——让孩子出类拔萃的"捷径"

俗话说，"心灵手巧"。灵巧的手是一个人大脑发育良好的标志之一。在大脑中支配手部动作的神经细胞有 20 万个，而负责躯干的神经细胞却只有 5

万个，可见大脑发育对手部灵巧的重要性。反过来，手部动作的灵敏又会促进大脑中各个区域的发育。这就是人们常说的"眼过百遍，不如手做一遍"。许多科学家和发明家都是在一次又一次的动手实践中最终走向成功的。

爱迪生的一生可以说是在动手实验中度过的。参加工作之前，他在家中的地窖动手做实验，他在火车上的吸烟室里动手做实验；当电报员时，他又在值班室里做实验。杰出的动手能力，使他成为著名的发明大王。

牛顿从小就喜欢做各种手工，只要有空余时间他就会动手制作一些东西，而他制造的东西也越来越复杂，从简单的小四轮车到复杂的水车，从复杂的风车到有实用价值的水钟。超强的动手能力，也为牛顿日后的实验研究工作立下了汗马功劳。

达尔文从小就喜欢观察昆虫的习性，并经常捕捉各式各样的物种制作标本。最终，他凭借从小锻炼出来的超强的动手能力和分析概括能力，写成了《物种起源》一书。

李时珍从小就经常跟着父亲上山采药，并品尝百草，动手收集各种药材的标本。后来，他在前人的基础上提炼整理，写出了著名的《本草纲目》。

斯蒂芬孙自小就喜欢擦洗机器，动手制作各种模型。后来，他在前人的基础上再加上自己的推理想象，设计出世界上的第一台蒸汽机车。

青春期的孩子一般动手能力都比较强，如果遇到操作上的问题，他们倾向于采取行动，亲自动手解决。这个时候，如果妈妈能有意识地培养孩子的动手能力，将会取得事半功倍的效果。

有一年高考，江苏省的李氏双胞胎兄弟分别以 681 分和 663 分的优异成绩考取了北京大学和上海交通大学。这俩兄弟从小就在乡村念小学，普通中学读初中，天资并非超凡，那么，又是什么力量让他们在高考中有如此优秀的成绩呢？

在回忆青少年时，兄弟俩谈到了他们的父母，父母为了开发他们的智力，给两人买了许多积木、电动汽车、拼图等玩具，让他们在拆拆装装中增长知识。原来激发他们智力才能的强大刺激物就是他们灵巧的双手。

杨振宁教授也曾谈到培养孩子动手能力的重要性，并把中国孩子和美国孩子做了对比。在他看来，中国孩子读书型的多；美国孩子的创新思维活跃，动手能力强。

那么，是不是说中国孩子天生就不会动手呢？当然不是。如果我们在孩子的思维尚未定型的时候，就给他们提供很多玩具，让他们玩儿的天性得到充分的张扬，那么孩子身上一些特殊的、积极的、富有创造性的区域不就开发出来了吗？所以，妈妈要认真对待孩子动手的机会，在此过程中，培养他们耐心细致的品质，激发他们的创新思维。具体来说，以下这些方法就可以借鉴：

方法一：鼓励孩子动手制作一些东西

妈妈可以鼓励并帮助孩子利用一定的工具材料，通过动手操作，独立地完成某种实物作品。例如，孩子学了地理课，妈妈可以鼓励孩子用沙石在家中制作地理模型，也可以利用石块、木头、色纸等材料组合粘贴，模拟自然界的地貌，妈妈还可以把孩子制作好的"作品"挂在客厅里，满足孩子的成就感。

当孩子对美有了更多的追求时，还可以培养他对插花、折纸、剪纸等工艺的爱好。由于这些工艺需要使用剪贴、折粘、组合等手法，能较快地提高孩子的动手操作能力，同时还能够培养他们的审美意识和艺术修养。

方法二：把挫折和问题还给孩子

很多时候，真正激发孩子动手实践能力的大好时机往往是在他们遭遇"挫折"的时候，但是许多妈妈却在这个时候无情地剥夺了孩子动手的权利。

> 一个小男孩在日记里写到他想帮妈妈做一些家务，于是主动去洗碗，可是不小心把碗给摔碎了，结果遭到妈妈的一顿痛骂，妈妈还说以后家里的事不准他插手。
>
> 小男孩觉得很伤心，摔破碗他也不是故意的啊！小男孩把自己的被子叠好后，妈妈也总是嫌他叠得不够整齐，每次都要求他重新叠一次……

生活中，我们经常会看到这样的妈妈，一说起锻炼孩子的动手能力，她们总是说："孩子太小，做什么家务""孩子做不好，还不如自己做""做家务是大人的事，孩子只管好好学习就行了"……但是，妈妈这样做真的好吗？孩子不做家务专心读书，就会更优秀吗？

对孩子来说，家务劳动不仅有利于锻炼他们的精细动作，而且对孩子自身也是一种挑战。很多实例证明，爱做家务的孩子与不爱做家务的孩子相比，不仅适应社会和环境的能力很强，而且这些孩子也更容易受到别人的喜爱和欢迎。

方法三：在生活中锻炼孩子的动手能力

> 有一个10岁的小男孩，干活儿不是十分主动，总是能躲的

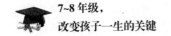
就躲，对一些自己从没干过的活儿更是"退避三舍"。

有一段时间，孩子的父母上班时间有些改动，需要很晚才能回家，这个孩子放学以后就胡乱吃些零食，也不会自己煮饭吃。有一天晚上回家，妈妈就说他："儿子，你已经上 5 年级了，应该自己学着做一些简单的饭菜了。"男孩还理直气壮地说："我不会用煤气，也不知放多少盐！"

妈妈微笑地摸着小男孩的头鼓励道："凡事都是从不会到会，从不知道到知道，做饭也是同样的道理啊，你只要认真试过几次就会了，但要是不练习，你当然永远也不会做。"

经过几次实际操作，男孩终于能做出几样简单的饭菜了。男孩还把这些全写到日记里，认为自己能做很多事了，心里美滋滋的，自信心也增强了不少。

动手做事是孩子成长的基础，也是孩子手脑结合、身心健康发展的过程。妈妈加强训练孩子的动手能力，让孩子自己的事情自己做，还可以锻炼孩子的手眼协调能力，促进孩子大脑的发育，培养孩子的责任感。事实证明，孩子只有学会了对自己的事情负责，才能逐步学会对家庭、对朋友、对集体、对社会负责，而且这样的孩子也更容易成为一个自信、乐观、有创意的人。

方法四：给孩子一定的"酬劳"

孩子做完一件事后，往往希望自己的劳动成果能得到父母的认可和表扬。这种情况下，妈妈就应该满足孩子的心理需要，给予孩子一些精神上的"报酬"。比如，赞许的微笑、亲热的拥抱，或是夸他一声"真能干"，这都可以让孩子产生一种自豪感，提高他们劳动的积极性。

培养自信乐观的孩子，远离青春期的雷区

孩子一进入青春期各种问题就会接踵而至：叛逆、厌学、自我封闭、遇到挫折就闷闷不乐，没有上进心……很多妈妈还说，她觉得自己的孩子好像突然之间变得和以前不一样了，很难捉摸。

那么，孩子青春期产生这些问题的心理根源在哪里呢？事实证明，很多青春期的问题，都源于孩子对自我的不认可和否定。那么，孩子为什么会产生这种不自信的情绪呢？这主要是因为在孩子与成人世界的较量和对抗过程中，一些负面的事件没有得到很好的处理而引发的一系列后遗症。

随着孩子的逐渐长大，他们希望得到社会的认同和家长的理解、尊重，但是由于知识不足、缺乏社会经验、思想不够成熟等原因，他们常常会在社会生活中遭受挫折，这时，如果没有得到父母及时的帮助和疏导，孩子就会产生自卑、厌学甚至是自我封闭的倾向。同时，父母的不放心，时常对孩子盘问、限制、约束，也会使他们陷入烦躁、反抗、逆反等不良的心理状态中，影响孩子性格、心理的健康发展。

所以，要想让孩子平稳健康地度过青春期，妈妈就要转变教育观念：一方面，要加强与孩子的沟通，使双方的关系由对立变为和谐；另一方面，要采用各种方法帮助孩子养成自信、乐观的心态。

著名教育专家周宏讲过这样一件事：

一位学习成绩很差的孩子非常自卑，甚至连老师的鼓励都不能激起他心中的自信。有一天，自习课时，老师把他喊到办公室，神秘地对他说："今天，你回家把第十三课的课文背一下，不要和其他人讲，就算我们俩之间的一个秘密好不好？"尽管他不知道老师的葫芦里卖的是什么药，但还是答应了，回家认认真真地把这篇课文背完了。

第二天，老师上课的时候宣布，跳过一篇课文，讲另一篇课文，而这篇课文正是老师让那个孩子事先背过的。

老师讲解了一会儿，然后对同学们说："现在你们开始背这篇文章，10 分钟之后我来检查。"

其他学生都慌了，没想到老师会来这一招。

10 分钟之后，老师来检查了。几乎没有一个学生能背完，就连那些最优秀的学生都背得丢三落四的。老师意味深长地望了那个孩子一眼，孩子随即站起来，朗朗地背了起来，非常流利。

同学们都惊呆了，纷纷露出钦佩的神情，而孩子在这种神情的包围下显出了从未有过的自豪与兴奋。

从此，这个孩子有了自信心，更加自觉地去学习，成绩很快就提高了。

从这个故事中，我们知道，妈妈要想帮助孩子顺利度过青春期，就要帮助他们建立自信。在这方面，教育专家给出了以下方法：

方法一：妈妈要学会鼓励和表扬孩子

父母对孩子青春期人格的形成起着至关重要的作用，7~8 年级的孩子正处于发育期，其个人价值观、世界观尚未完全形成。他们一方面面临生理上的剧烈变化，另一方面还承受着升学的压力，此时，孩子一旦遇到挫折，如果处理不当就很容易产生自信心危机，影响孩子的身心健康。

所以，教育孩子时，妈妈应以赞扬和鼓励为主。当孩子看到自己在妈妈眼中是那样好，他就会鼓起勇气做得更好。当孩子不断被妈妈批评时，他就会感到自己是如此无能，无法将事情做好，久而久之，就会看不起自己，失去勇气与自信。因此，妈妈应该试着去发现孩子的优点，并以欣赏的目光、愉快的心情表扬孩子的优点，当孩子有一点点的进步时，也要及时对孩子进行表扬与鼓励。

方法二：正确对待孩子的失败与挫折

如果妈妈经常将自己的孩子与别人家的孩子做比较，首先会给孩子已不如人的暗示，而这种感觉会让他看不起自己，打击孩子的自信心。其次，会让孩子产生嫉妒心理，当一个人把精力都用在嫉妒别人上时，就没有足够的精力把自己的事情做好。再次，即使激发起孩子向别人家的孩子学习的欲望，但是盲目学习别人家的孩子，也会使孩子丢掉自己的特点与个性，成为别人家孩子的复制品，那么他永远也难以赶上或超过别人家的孩子，最终丧失自信心。

当孩子考试失败或遇到其他挫折时，他最需要的绝对不是妈妈劈头盖脸的训斥、阴阳怪气的嘲讽，也不是妈妈无原则的安慰与同情。他最需要的是妈妈的理解、支持与鼓励。

方法三：榜样教育法，利用名人教育孩子

为了帮助孩子重塑自信，妈妈可以采用榜样教育法。7~8 年级的孩子正处于对成人社会仰望和批判的时期，他们很崇拜英雄，也会不自觉地模仿英雄。妈妈可以利用孩子的这一特点，运用榜样示范的方法，将一些抽象的教育理论人格化、形象化，从而引起孩子情感上的强烈共鸣。比如，妈妈可以经常跟孩子讲一些成功人士的正面事例，也可以跟孩子讲一下虽然有些人拥有优越的天赋条件和良好的成才环境，但是由于自信心不足而导致自己失败的反面事例。

方法四：努力塑造孩子乐观的性格

孩子要想自信，首先要乐观。乐观是一种迷人的性格特征，对孩子一生的健康成长都起着积极的作用。

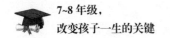
妈妈要想帮助孩子养成这种性格，就要从以下几个方面入手。

1. 认清孩子的性格

对于孩子的性格是悲观还是乐观，妈妈应该有一个明确的认识，而且亲子双方的认识应该是在彼此沟通的情况下达成的一致意见。这样，才能使孩子认识到自己性格中的不足，进而主动配合妈妈进行改变。

2. 帮助孩子创造积极解决问题的快乐体验

孩子在成长的过程中，难免会遇到困难和挫折，悲观的孩子通常会回避问题，这时，妈妈不要只是站在旁边说大道理，而是要与孩子一起面对，帮助他创建积极解决问题的快乐体验。

一个妈妈是这样做的：

她的儿子在竞选班长的过程中遇到了强劲的对手，心灰意冷，想要放弃。这时，这位妈妈巧妙地鼓励孩子："儿子，也许那个同学在有些方面比你优秀，也许你会落选，可是即便这样，你也成功了。"

"什么？"儿子一脸疑惑的表情。

"第一，坚持到底就是胜利；第二，你的表现获得了很多同学的认可，这些是你以前做不到的。妈妈为你的进步感到骄傲！"

妈妈的话，给了儿子坚持下去的勇气，他开始和妈妈一起积极认真地准备竞选的材料和演讲稿。最后，虽然他还是败给了那位实力强大的同学，但是他满面的笑容和积极进取的精神却打动了老师和同学，最终成为班里的副班长，有了这次成功的体验，他做事就更加积极乐观了。

妈妈做这些事的目的就是以直观体验的方式增强孩子的信心和成就感，帮助他们在实践中学会从积极的角度去看待问题，养成乐观阳光的心态。

第四部分

叛逆期，妈妈理性的爱
让孩子幸福一生

第八章

关于早恋的问题——妈妈要理性引导，千万别和孩子"较劲"

有位作家说过，早恋是一朵带刺的玫瑰，7~8年级的孩子常常被它的芬芳所吸引。然而，他们一旦情不自禁地触摸，就难免被无情地刺伤。很多父母都为孩子过早地踏入"雷池"而苦恼，如果处理不当，早恋很有可能会影响孩子的一生。父母在对待这件事情时要讲究语言艺术，理性地引导孩子对异性的那份情感，让孩子走出早恋的泥沼。

孩子出现早恋的"信号"

很多青春期孩子的父母都会有疑虑，比如"我的孩子最近怎么这么奇怪，是不是早恋了"，或者"为什么孩子回家越来越晚了，问他的时候还遮遮掩掩的"等。其实，只要父母留意，就能发现孩子那些异常的"信号"。

快过年了，甜甜妈兴冲冲地为13岁的女儿甜甜买了两套衣服，没想到女儿却一点儿也不喜欢。甜甜妈还发现，最近半年，女儿特别"臭美"，每天早上久久地霸占着卫生间，对着镜子把头发梳了又梳，而且特别爱换衣服，上午一套下午一套。此外，甜甜好像特别喜欢和班上一个叫阿坤的男生一起玩儿，对他的话言听计从，口头禅几乎变成了"阿坤说……""有一次，阿坤……"。

甜甜妈不禁暗自担心：女儿为什么经常把这个男孩挂在嘴边？她不会是早恋了吧？

有的父母也许会说，这不可能，我家的孩子很乖，不可能早恋的。其实，青少年早恋的现象已经越来越普遍，部分学校甚至高达80%。也许你的孩子表面看起来很乖巧、很听话，但并不意味着他没有早恋倾向。

那么，到底要多早才能算作早恋呢？

一般认为早于大学时期（约18岁）的恋爱就会被列为早恋。

关于什么样的程度才算早恋的问题，很多父母也许会认为，产生对异性的爱慕就算是早恋了。这种说法显然不科学。青少年对异性的爱慕是很正常的生理现象，但是，这种模糊不清的感情一旦爆发，往往会在现实生活面前碰壁，从而给他们尚且稚嫩的心灵带来极大的困扰。

下面这个测试中，如果肯定答案超过半数，家长就该格外留神了——你的孩子不一定正在恋爱，但可能有了早恋倾向。

孩子突然变得很爱打扮，在镜子面前左顾右盼，还时常要求父母买一些时髦的衣服。

放学不按时回家，学习成绩也有所下降，问其原因，总是支支吾吾回避话题。

回家或者周末写作业的时候心不在焉，不停地看手机或者找

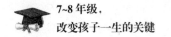

理由出门。

活泼好动的孩子变得沉默,回家后喜欢一个人躲在房间里,无缘无故与家人生疏起来。

说一些父母一眼就能看穿的谎言。

情绪起伏大,有时兴奋,有时忧郁,有时烦躁不安。

家里常有异性打来的电话,还经常有一些来路不明的小礼物。

无意间谈起公园、溜冰场、音乐茶座等场所。

对电影、电视中的爱情镜头特别关注。

…………

处于早恋中的孩子,往往表现出这些反常现象。很多人都觉得,现在的少男少女们真的是跟以前大不一样了。不管家长、学校怎么回避,怎么阻拦,早恋还是阻挡不住,有时反而弄巧成拙。

那么,早恋到底是如何产生的?为何青春期的许多孩子都像商量好了似的踏入了"雷池"呢?除了生理方面的原因,我们将早恋的原因划分为几个类别:

1. 好奇型

青春期的少男少女们对异性都会冒出无数个疑问,然后会不由自主地被对方吸引。他们想要了解异性的世界,试图探寻异性的奥秘,在这种倾向的驱使下,为了满足自己的好奇心,于是开始试图和异性"交往",这有点儿像小孩子过家家。

2. 补偿型

很多青少年在家庭发生变故或者学业上受到挫折时,就想通过异性来排遣这些负面情绪。比如,有的孩子从小父母离异,心灵留下了创伤;有的孩子因为父母长期在外打工,缺少亲情和家庭的温暖;有的孩子因为父母脾气太粗暴，得不到足够的关心和理解……当这些负面心理变得非常强烈的时候，这些孩子就极其渴望倾诉，希望有人给自己一些情感上的慰藉。这时候，早恋就随之产生了。

3. 模仿型

现在的影视剧、网络、报刊总是充斥着大量的情感信息，对性生理已经成熟的青少年来说具有极大的诱惑，于是有很大一部分青少年就不自觉地产生了模仿心理。还有一个比较重要的原因，青少年总是希望自己的行为与群体保持一致，所以当同龄人中，特别是同班、同龄群体中有恋爱的现象出现时，青春期的孩子就会去模仿。

4. 爱慕型

这类现象相对于前面那几种来说，就属于比较成熟的类型。有的青少年是因为爱慕对方的外在仪表而产生的早恋，有的是因为爱慕对方的能力和品性而产生的早恋。虽然这时候的孩子还不能理解恋爱和婚姻的全部内涵，但是这时候他们的性意识已经超越了朦胧的阶段，开始对爱情有了自觉的追求。

需要提醒的是，进入青春期的孩子出现的对异性同学的好感，希望接近、交往异性同学的心理是十分正常的。作为家长，不应把早恋看作十分邪恶的事，不应把早恋与品质恶劣、不求上进等同。

诚然，早恋对刚刚进入青春期的孩子利少弊多，但家长切不可强行打压，非打即骂，这样只会适得其反。适当进行疏导，在尊重孩子感情的前提下，引导他们处理好理智与冲动、友情与爱情、需要与可能之间的关系，才是万全之策。

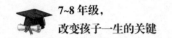
如何防止孩子早恋

让我们先看这样一个故事：

莱莱今年上 7 年级，平时在家里很乖巧，成绩也不错。可是最近，妈妈发现莱莱的手机里出现了一些信息，发信息的就是他的同班同学："张元元喜欢你很久了，你难道一点儿也没看出来吗？""你这么说她会伤心的""你自己和她说啊"……

妈妈看到这些信息，心里一阵发慌，但是没有表现出来。从这几天莱莱的情况来看，好像也受到了一些影响。妈妈爸爸商量之后，第二天就和女孩子的家长进行了沟通，达成了一些共识，然后决定双方的家长都要多从侧面进行引导。

一周之后，妈妈再看莱莱的手机，相关的信息已经删除了，莱莱也已经把她从 QQ 好友中删除了。

这是一位非常细心的家长。孩子早恋的问题，的确令家长十分着急。他们不安地观察着、揣测着，唯恐孩子不小心摘到那枚青涩的果子。

下面我们就来看看，哪些孩子容易成为早恋的"危险"对象？

一般情况下，性格外向、相貌出众的孩子比性格内向、外表平平的孩子更容易发生早恋。因为，性格外向的人大多敢于尝试新事物，有适合自己的对象，就会大胆追求。还有的女学生以被男孩爱慕为荣，很快就踏入早恋的"雷池"。

学习成绩差的学生比学习成绩好的学生更容易早恋。一般情况下，这些学生往往得到的关心少，无法把更多的时间和精力放在学习上，难以从学习中获得乐趣。于是，他们便把无处打发的精力和时间转向他们眼中的"爱情"，以弥补感情上的空虚。

缺少家庭温暖的学生容易早恋。比如，父母感情破裂，常常吵架，对孩子关心不够，或者是父母离婚，孩子得不到完整的爱。生活在冷漠、压抑环境里的孩子，他们渴望温暖，而异性同学对他们的爱恋正好可以弥补这一点。

下面就给父母们支支招，帮助你的孩子远离早恋。

方法一：尊重孩子的纯真情感，不要轻易贴"早恋"的标签

男女同学亲密一点儿，手机发几条短信，过年过节送几张别样的卡片，写上几句祝福的话，某天晚上回家很晚……于是，妈妈就紧张了，捕风捉影地认为孩子是在"处朋友""早恋"了……然后轻易就给孩子贴上了"早恋"的标签。这样，反而会把委屈的孩子推进"早恋"的泥沼。其实妈妈若是了解一下情况就不难发现，有许多例"早恋"的当事人，最早都是不自觉的，随后被家长"逼"成自觉的，所以，妈妈们一定要吸取这些沉痛的教训。

方法二：用"冷处理"的方法处理早恋迹象

如果孩子真的出现了一些早恋迹象，家长一定要冷静、宽容和理解，不能心急，更不能公开批评所谓"早恋"对方、扩大知情人的范围，甚至采用硬性手段拆散，导致事态扩大，反而弄假成真。因为这些做法只会给孩子造成负面的影响，使他们的行为变得更加叛逆。所以，妈妈一定要在弄清楚原因后，顺势引导，才能以理服人。否则，"以其昏昏，使人昭昭"，只会站在孩子的对立面孤军奋战，将事情弄得更加糟糕。

方法三：分析原因，对症下药

努力把家庭营造成一个温馨和睦的乐园，让孩子有安全感。发现孩子早恋的迹象，要分析原因，对症下药，是同学们起哄造成的所谓"事实"，

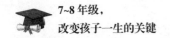
还是一时的感情冲动？是青春期的困惑，还是学习过于紧张所致？总之，父母需要做细致的调查和耐心的思想转变工作。

适当的时候要和孩子进行沟通。首先，不要小题大做，要肯定他们是纯洁的友谊，就像兄妹或者姐弟，在这样的前提下，话题才会轻松一些。其次，应该坦然、亲切地和孩子讨论，如果谈恋爱会对他有影响，不要摆着一副居高临下的姿态，而是要用对待朋友的心态去对待孩子。

所以，对于早恋，可以根据不同程度、不同情况区别对待。归纳起来，就是父母要理解、宽容和疏导，做好孩子的思想工作，方法要慎之又慎，心态要更耐心、更宽容。这样孩子才会听你的，信服你。

为什么妈妈成了孩子早恋的"助推器"

先给大家看一个青春期女生的日记：

> 像以前一样，家里还是那么冷冷清清的，爸爸常年出差在外，妈妈的工作也很忙，所以我总是一个人。一个人随便吃点儿东西，一个人看电视，有些秘密也只能对着这本日记倾诉。
>
> 不过现在我有了他的陪伴，心里会觉得暖暖的。他说，有了他送我的"小猴子"，我就不会孤单了。对于我来说，他更像一个大哥哥，在我不开心的时候哄我开心。在放学的那条路上，他还第一次牵了我的手。他说明天早上还会接我一起上学，电话响两下，那就是他在楼下等我的暗号……

可是，妈妈在打扫房间时发现了孩子的这篇日记。

妈妈："这是什么？"

女儿："你干吗动我东西呀？"

妈妈："我是你妈妈，我不管你谁管你？"

女儿："你早不管我，现在来管我？日记还给我，真讨厌！"

…………

青春期孩子早恋了，往往不是缺少恋爱，而是缺少爱，一个人在现实生活中得到的爱、关心、关注不足，成就感不足，就会从其他的地方寻求，早恋的孩子大多出现于问题家庭。所以，妈妈碰到孩子早恋，采用"棍棒政策"，远不如反省自我。

下面我们再来看看一位初二女生的日记：

我出生在一个普通家庭，妈妈是普通职工，爸爸是出租车司机。在我的记忆里，爸爸妈妈经常吵架，很多时候，我都是在他们的吵架声中完成作业的。爸爸脾气特别不好，喝完酒之后总是冲妈妈大嚷大叫。

初二上学期，班里有个男同学经常主动帮我买早餐、送我礼物，每天都嘘寒问暖的，我渐渐地对他也有了好感。后来，我们就恋爱了。国庆节放假的时候，我不想回家，就住到了男朋友家里。但后来被发现了，爸妈把我带回了家，还告诉了我的班主任。

为了拆散我们，爸妈不让我住在学校了。刚开始的几天，我情绪非常不稳定，在家里和他们大吵大闹，成绩也大幅下滑。可他们的态度非常坚决，无奈之下，我只得妥协。他们以为我想明白了，便放松了警惕。实际上，我每天晚上都在房间里给男朋友打电话。然而，几天后的一个晚上，妈妈起床上厕所的时候，听到我房间里有说话的声音，把我狠狠地骂了一顿，还说要没收我的手机。

"你要是把我的手机没收了，我以后就不去上学了！"我知道不上学是他们最担心的事。妈妈最终没有没收我的手机。从那以后，我虽说不打电话了，但夜里依然看不进去书，就躲在房间里给男朋友发短信。只有在和男朋友联系时，我才会觉得心里特别踏实。

试想一下，孩子从小在家里就缺少爱，没有人关心她，没有人表达对她赞美的时候，有一个男孩，让孩子顷刻间得到了关心和赞美。孩子"甜蜜"地回到家，父母开始训斥她：你看你，这次怎么考的？外语怎么才考70分？数学成绩也下滑？我们天天在外面忙着赚钱还不都是为了你？平时不让你做饭，不让你洗碗，什么家务都不让你干，你成绩怎么还搞成这样？相比之下，外面的男孩却对她说：学习好坏都是次要的，像你这副好嗓子，如果去唱歌将来肯定会是个大明星。

这么前后一对比，我们就不难找到女孩早恋的原因了。

其实，青春期的男孩女孩都一样，家长这边总在指责她，总在否定她，而有个人总在欣赏她，总在吸引她，她怎么可能不慢慢地跟着这个人走呢？不要说孩子，就是大人，也过不了这一关的。

所以，要想让孩子不早恋，父母必须爱孩子！有很多父母说了，我让她学好英语，提高成绩，不是爱她吗？其实，爱可以有要求，但不能以要求为主题；爱可以有一部分谴责，但是不能以谴责为主题。假如每天跟孩子说100句话，80%都是要求、都是谴责，孩子肯定会远离你。如果有一个吸引他（她）的因素出现，他（她）就可能会跑出去，早恋就随之而来了。

怎样对早恋的孩子理性引导

青春期孩子与异性交往过密，家长不要一棍子打死。如果动不动就给孩子扣上早恋的帽子，这样反而会使那些纯真的孩子弄假成真。家长应该理性地对他们加以引导，必要时教给孩子一些交往知识，让孩子学会交往，使其把对异性的好感发展成为真诚而纯洁的友谊。

早恋，并不是一个可怕的话题，只要父母引导得好，一样可以帮助孩子健康成长。这里列举的几种方法对很多父母和孩子就非常有帮助。

方法一：鼓励孩子藏起对对方的爱慕

让我们先来看这样一个故事：

一个又饥又渴的旅人在山洞里歇息，意外发现洞里有个宝瓶，带走它，自己已经疲惫不堪，没有这份能力了；放弃它，又觉得太可惜了。怎么办呢？最后，他想了一个办法：把它埋藏起来，并做好标记。等到将来有能力时，再来把它挖出来。

相信很多妈妈看完这个故事都觉得受益匪浅，感觉找到了跟孩子谈早恋这个话题的方向。提起早恋这件事，很多父母的态度常常是谈虎色变，唯恐避之不及，但越是这样藏着掖着，结果反而越糟糕。反倒不如把早恋这个话题拿出来，和孩子心平气和地谈一谈。而"埋藏起来"，就是一个两全其美的明智办法。下面这位妈妈的做法就值得借鉴。

小俊，是一个8年级的男孩，各方面的表现都很不错，可以说是品学兼优。开学不久，他与同班的一个女孩相恋了。小俊的妈妈比较开明，当她得知此事后，母子来了一次促膝长谈。

妈妈：儿子，你是不是觉得她是这个世界上最好的女孩？

儿子：嗯。

妈妈：妈妈相信你的眼光。但是，你们俩现在才上 8 年级，你认识的女孩有多少？她认识的男孩又有多少呢？

儿子：可是，我的心里只有她，她的心里也只有我。

妈妈：其实，妈妈并不反对你现在谈女朋友。而且我也相信这位女孩一定是个品学兼优的好孩子。可是，你有没有想过你们的将来。等你们真正长大成人的一天，你们会有更多的机会，也会遇到更多优秀的异性。到那时，你该怎么办？你会不会为自己今天的选择而感到后悔？

儿子：可是，如果让我离开她，我会很痛苦。

妈妈：妈妈知道，初恋的感情是世界上最纯洁的爱情，值得每一个人珍惜。可是，真正的爱情是要让彼此都幸福。这是我们每一个人要花费一辈子的时间需要认真思考的问题。人生大事只有几件。做错了，就会遗憾终生。孩子，不管怎样，妈妈永远爱你。在你需要帮助的时候，我永远都会陪着你。

儿子：妈妈，我懂了。

从那以后，男孩把对女孩的特殊感情像一颗种子般深埋心里。他明白，即使爱的种子发芽了，也还没有长成参天大树，更不可能结出甜美的果实。而在这之前，他只能做一个默默耕耘的农夫，等待庄稼的成熟。

所以，这个男孩无疑是幸运的。首先母子之间存在着朋友式的信任，男孩才敢把深藏内心的秘密告诉妈妈；其次，妈妈知道后，没有责骂孩子，也没有居高临下地"教育"孩子，而是对儿子的恋情娓娓道来，有理解，有启发，有暗含规劝的比喻，最后使儿子心服口服。

方法二：试试和孩子敞开心扉平等交流

在处理孩子早恋的问题中，有很多聪明的家长都会采取柔软的态度，来"以柔克刚"，这样一来，既磨掉了青春期孩子的棱角，又能有理有据地说服他，一举两得。

下面我们再来看一篇来自老师家长博客中的文章：

作为一名母亲，我和儿子是一对无话不说的好朋友。

有一天周末，我和他坐在沙发上聊天，儿子突然问我："妈，你和我爸谈恋爱的时候，他吻过你吗？"我一时发愣，不知该如何回答。片刻，我稳定了一下情绪，然后解嘲般地笑了起来："你这孩子，怎么突然问这个？"儿子也跟着笑了起来。

又有一天，我和儿子在楼下散步，儿子突然又郑重其事地问我："妈，如果我处了对象，你会怎么样？"这次我吃惊不小，儿子才上初二啊！我极力掩饰自己的情绪，故作镇定地对孩子说："妈妈相信你不会的，你是个聪明的孩子，有远大的理想，不会因为这种现在不该做的事情而失去前程，但是如果你真的这样，妈妈也不会反对。"

这下儿子瞪大了眼睛："你，你说的是真的？"

"是的！"我肯定地点点头。

"我才不相信你！肯定有问题！"

于是，我笑着说："儿子，你想想，今年你才14岁，妈妈怎么会同意你谈恋爱呢？学习肯定会受一些影响，可能还会影响你的未来。可是，妈妈不能不让你去学校啊！也不能左右你的想法，只能鼓励你为了喜欢的女孩好好学习，为她和你自己，创造一个美好的未来。"

儿子感动地说："妈妈，你说的这些我信。"

这次谈话之后，我心神不宁地过了好一段日子，担心儿子真的有什么"行动"。但是接下来的几天，儿子好像有所感悟，所有的业余时间都扎进了书房，学习成绩也不断提高。看到这些，我心里十分高兴。

总之，面对孩子早恋的问题，妈妈不要急于否定、干涉孩子，也不要声色俱厉地给孩子讲一堆大道理，并告诫孩子绝对不准谈恋爱，而是应当理智、客观地剖析孩子早恋的原因，用更加理智、更加开放的语言和孩子探讨这个话题，并给予正确的引导。这样，当孩子感到自己的行为被尊重、被理解，自己的感情被接纳的时候，自然能很好地处理自己的学业和感情问题。无论怎样，请记住：妈妈智慧的疏导要比堵截更有意义！

孩子"失恋"了怎么办

让我们先看这样一个故事：

这天放学后，小天又收到了"女朋友"的情书，上面明明白白地写着：

我想了好久，觉得我们还是做普通朋友吧，希望你能尊重我的选择。祝你幸福！如果我伤害了你，我只能说：对不起。再次祝你幸福！

看到这些话，一时间，小天感到他们用山盟海誓构筑的大厦轰然倒塌，自己的世界已经随着她的离去而变得一无所有。他冲出校园，来到离学校不远的广场上，眼泪不由得夺眶而出。"为什么，为什么，为什么！"他大喊，但是没有人回应他，只有几个人看着他，以为他是一个疯子。

他不甘心，拨通了对方的电话，那头还是熟悉的声音，但是，内容却是冰冷的："你好！"小天直奔主题："是我做错了什么吗？"对方回答："什么你做错什么，我听不懂，没事的话先挂电话了，马上还要上课呢。"小天"喂、喂"两声，对方没有回应。从此，那个电话不是关机就是"正在通话中"。

小天第一次感到人竟然能这么痛苦，跟失恋的痛苦相比，以前所受的苦实在算不了什么。"没有她，我活着还有什么意思？"小天常常这样想，他甚至设计过许多种自杀的方式。

青春期的孩子还普遍缺乏辨别是非的能力，有时候会把一般的友谊当作恋情，并天真地觉得殉情很伟大。而现在的父母平时都特别忙，大多数时候根本就不会察觉到孩子的"恋爱迹象"，失恋就更不必说了。

事实上，失恋在孩子眼里是非常严重的事情，普遍表现为以下几点：

（1）痛苦情绪。"失恋"会引起青春期孩子强烈的情绪体验，然后渐渐演变成一种不良心境。在这种情绪的指引下，孩子容易心烦意乱、焦虑不安，对生活、学习的兴趣降低。

（2）绝望体验。失恋的孩子会产生一种孤独感、虚无感，认为自己再也找不到如此理想的恋人。而且，他们可能会反复回忆恋爱经过，出现触景生情的现象等。

（3）难堪心理。青春期恋爱更多的是心理上的互相安慰，但也有少数是模仿所致。所以很多孩子在失恋后会感到很没"面子"。他们可能会因为否定自己的长相、能力等而导致自怨自艾，觉得没有人会喜欢自己。失恋的中学生甚至认为同伴会因此鄙薄、嘲笑自己的无能，从而产生自卑感和羞耻感。

（4）自责行为。孩子认为对方不爱自己肯定是自己的错误，有的孩子可能从此关闭感情闸门，一蹶不振，性格变得孤僻、古怪，严重者还会产生自杀的念头。

（5）怨恨思维。有的孩子失恋后往往认为是对方抛弃了自己，因此，有的学生采取卑劣手段，败坏对方的名声；有的学生甚至铤而走险，用暴力伤害对方，以发泄心中的怨恨。

（6）自我封闭。失恋的学生容易在一段时间内冥思苦想，不断分析失恋的原因，并可能将这种失败归因于自己的单纯和轻信，从而走向抑郁、自闭，特别是以后再走向恋爱生活时，常常心有余悸，望而却步，甚至对异性之间正常的交往也有所顾忌，不敢敞开心扉。

所以，如果妈妈发现了孩子失恋的苗头，就要慎之又慎，以免孩子走进情绪的"深胡同"。下面就给妈妈们提出一些有效的建议：

方法一：如果有可能，弄清事实的真相

如果平时和孩子的关系相处得很好，孩子会主动和你道出失恋的原委，尽量让自己所了解的信息是准确而客观的，然后再具体问题具体分析。是对方喜欢上了别人，还是因为两个孩子以后没有在一起的可能性，抑或是两个人闹了很深的矛盾。然后和孩子就事论事，给予孩子安慰，这样孩子是最能"听进去"的，也最容易被启发。因为这个时候孩子的情绪和理智都处于不稳定期，讲一些大道理孩子是很难接受的，只会让他们觉得自己是世界上最难过的人，从而影响他们正常的学习和生活。

方法二：与孩子保持良好的沟通

如果以前和孩子沟通不好，就要想办法疏导；如果以前沟通不错，孩子只是在失恋这件事上不愿和你们谈，那么也要想办法引导孩子主动表达他的感受和情绪。这时父母要做的就是先接纳孩子现在的一切，千万不要严厉批评孩子。

要站在孩子的角度，去体验孩子的内心世界，去理解和感受孩子的喜怒哀乐。这时，妈妈要学会认真倾听，让孩子舒畅自由地表达自己的情绪感受。

妈妈如果有积极的感应方式，认真的倾听姿态，孩子就会感受到来自家庭的爱和关怀，失恋的痛苦也会淡化许多；对失恋这件事也会看淡许多，觉得失恋并没有什么大不了的，毕竟他还有如此关心自己的爸爸妈妈。

方法三：借助"外力"，帮孩子走出阴影

很多时候，孩子还是不习惯向父母表达自己失恋的情绪，往往会闷在心里，这让父母非常着急。其实，家长完全可以搬一些"救兵"，比如，女孩找表姐，男孩找表哥，还有玩得好的伙伴等，事先和这些"救兵"沟通一番，说清楚孩子的状况，然后再让他们装作不知道真相来和孩子交流。如果这个"计谋"策划得好，对孩子来说，是大有裨益的。因为青春期的孩子一般都习惯向同龄人吐露自己的心声，也比较爱听他们的建议，当然也就能更快地走出"失恋"的阴影。

自我反思，你给了孩子什么样的爱

当孩子进入青春期后，很多父母往往会发现：从前很黏自己的孩子，突然与自己有了距离感，甚至刻意远离自己。他们回到家里，会把自己关进房间；写了日记，会设法藏起来；有了心事，也不愿意跟父母说，哪怕父母主动询问也无济于事。

难道是因为父母对孩子缺少了关爱，导致孩子疏远了父母？

当然不是，恰恰相反，是父母自以为是地爱孩子，过度地爱孩子，给了孩子重重压力。当孩子进入青春期后，独立意识萌发，加上生理上的成

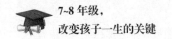
熟，他们对父母过度或错误的爱产生了逆反心理，继而有了行为上的对抗。

　　有位妈妈打电话给一位教育心理专家："我儿子15岁了，马上就要参加中考了，平时成绩也还不错。但是他每天回家总是把自己锁在房间，我要不要把门锁给他换了，不让他锁上？"

　　专家哑然失笑，说："一个15岁的男孩，放在过去，可能已经结婚生子了。这么大的孩子，难道没有自由做点儿自己的事情，拥有独立的生活空间吗？"

父母对孩子的严加看管，从这个案例中可见一斑。换位思考一下，如果你整天在别人的窥探和监视中生活，哪怕对方是你的父母，你同样也会不舒服，你也会想方设法摆脱这种监控，比如，把门锁上，给自己留一点儿自由空间。

　　所以，当你发现孩子与你的距离拉远了，对你的管教产生了厌烦情绪时，你不妨反思一下：我给孩子的爱过度了吗？我爱孩子的方式对吗？我给孩子的爱是孩子乐意接受的吗？那么，什么又是爱孩子最好的方式呢？

　　1.给孩子的爱要适度——过度或过少的爱都是害

　　"老师，你知道吗，我特别希望妈妈再生一个弟弟或妹妹……"

　　"为什么？"老师诧异，听说好多小孩为了阻止父母生二胎，跟父母闹自杀以威胁父母。

　　"如果我爸爸妈妈再生一个孩子，他们就没精力天天盯着我了！"

这是一个初一的孩子所讲的话，他很有教养，言谈举止得体，学习成

176

绩也好。可就是这样一个好孩子，居然在父母的严格管教下，产生了厌学情绪，渴望有个弟弟或妹妹来分散父母的注意力。

　　还有个孩子，当父母带他来到兴趣班时，他看起来不爱说话、性格内向。面对父母的批评，他始终低头不语。可是当父母离开之后，他马上恢复了生机，和班里的孩子上蹿下跳地疯起来，简直像个挣脱牢笼的小鸟，叽叽喳喳说个不停。

　　看到这里，不由得让人感慨：父母的过度管教竟会给孩子造成如此大的反差。

　　父母给孩子的爱过度了，就会给孩子造成压迫。孩子受到的压迫多了、久了，必然会反抗。所以，妈妈要明白一个道理：适度的爱才是最好的爱。就像吃饭，再好吃的东西，也要适量。否则会撑着。

　　2. 用正确的方式表达爱——理解、接纳、倾听你的孩子

　　很多妈妈说，她们非常爱孩子，可为什么孩子进入青春期后，离她们反而越来越远呢？其实，"父母很爱孩子"与"孩子感受到了父母的爱"是两码事，有时候甚至是背道而驰。孩子能感受到父母对他的爱的唯一途径，就是被父母无条件地理解、接纳、倾听。

　　很多妈妈可能会说，"我当然是爱孩子的，可是我不可能总是接纳他。如果他考试成绩不理想，或早恋了，我还去接纳他，那岂不是纵容他？我必须指出他的错误，该批评教育的就要批评教育，这样才能让他变得越来越好。"

　　事实上，这就是很多妈妈的教育理念：为了让孩子变得更好，我必须让你知道什么是对的，什么是错的，什么是应该做的，什么是不该做的。于是，我们看到了这样的生活场景：

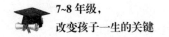

有个孩子拿着考了 90 分的卷子回家，原以为妈妈会高兴，但妈妈却说："你那 10 分怎么扣的？是不是又马虎了？如果不马虎，你可以得 100 分。以后注意了，做完试卷要认真检查！"瞬间，孩子感到无比失落。

看了这个案例，我们不禁会想：让孩子感受到爱，让孩子变得更好的动力究竟是什么？也许这个问题太难回答，那我们不妨来做个假设：假如你早恋了，你的父母想让你停止早恋，他们会怎么说？

他们会说："你这么小就早恋，这是不学好，我们全家人的脸都被你丢尽了。你给我听着，必须马上停止早恋。如果你不听我们的话，我就没你这个儿子（女儿）！"父母说这话，肯定是为了你好，可是你感受到了他们的爱吗？听到他们这样说，你会停止早恋吗？

再假设另一种情境。当父母发现你早恋时，他们对你说："我们都很爱你，即使你在不该早恋的年纪早恋，我们都会为你感到高兴。我们知道你这样做肯定有你的原因，我们愿意听你的原因和你的想法，你能跟我聊聊你的早恋对象吗？我们想认识他（她），你可以把他（她）带到家里来吃顿饭，怎么样？"

听到父母这样说，你会怎么想？你是否觉得自己的早恋行为有愧于父母的爱？是否打算停止早恋？如果你暂时没这么想，你的父母肯定会在后面继续用接纳的方式让你放弃早恋。因为他们爱你的方式，能让你充分感受到他们的爱。

第九章

关于性的问题——寻找与孩子交流的最佳途径

性，总是让人难以启齿，对 7~8 年级的孩子说"性"，仿佛会污染他们的心灵——这种陈旧的观念已经被越来越多的妈妈所摒弃。她们试图寻找与孩子交流"性知识"的最佳途径，渴望让孩子得到科学的性教育，这样才能减少那些让人扼腕叹息的社会悲剧。

如何让孩子正确面对自己的性冲动、性意识和性萌芽，是 7~8 年级孩子的妈妈的必修课。

性教育，想要说出不容易

近年来，众多媒体纷纷将报道焦点指向堕胎少女、未婚妈妈……青春期性教育的缺失所引发的各种问题被越来越多的人所关注。然而，在大多数家庭中，父母对孩子"谈性色变"的现状却并没有得到根本的改变：在面对孩子"性教育"的问题时，很多父母往往选择予以回避，并希望求助

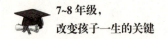

于学校的教育。那么，青春期性教育在孩子成长过程中的缺失，到底是谁的过错？"谈性色变"的现状怎样才能改变呢？

"我有一个上中学的儿子，我每次来月经时都会特别小心，生怕孩子看到，可还是有一次不小心被儿子发现了。当时我特别犹豫，这该怎么跟孩子解释呢？要是学校能开设这样一门课程就好了，这样家长也不会羞于开口……"

"儿子现在念 8 年级，最近他常表示不需要我帮他打扫房间，后来我才发现，他在垃圾筒里塞了好多用过的卫生纸，我想他大概开始手淫了。可是我是个单身妈妈，我不知道怎么开口跟他谈这些成长中遇到的问题。"

"一天我在打扫房间的时候，竟然在儿子的床底下发现一本《花花公子》，内容全是女性裸照，我这个做母亲的，一看见就脸红。我该怎么和儿子说呢？"

"想和孩子说一些这方面的知识，但是感到比较尴尬，不知道从何说起……"

…………

月经和遗精是孩子进入青春期的重要象征，这种青春期现象基本上发生在 7~8 年级孩子身上。在这个阶段，大多数学校都已经开设了生理课，但是很多学校对这门课程却并不重视，这就导致孩子在性生理方面的知识非常贫乏，甚至产生很多"性困惑"。

"我和我的同学们常受到性冲动的困扰，很多时候无法发泄性冲动给自己带来的烦躁。有时候会到操场或者学校某个角落突然大吼大叫几声。"

"在男生宿舍常常可以见到大家聚在一起乱嚷嚷，唱歌不像唱歌，讨论不像讨论，我们也说不清自己到底想干什么，只是觉得这样做了，心情就会轻松一些。我们都想通过一些看似无聊的举动来宣泄自己由于性冲动而无法排解的烦躁。"

——一位 8 年级男生

"我是个 15 岁的初中生，最近被一种难以启齿的念头扰得坐卧不宁，几乎无法学习。上个星期在上学路上我看到一个漂亮的女孩，心里突然产生一种强烈的冲动，突然感觉特别高兴，人骑在单车上都轻飘飘的。这之后又多次出现这种情况。对此我非常担心，怕控制不住自己而走上犯罪的道路，千方百计想抑制这种念头的出现。可是，越这样，念头反而出现得越多，以致我现在都不敢看女生。"

"说实话，我并不是那种道德品质不好的人，平时从来没有想过干下流的事，甚至见了女同学都会脸红。可是现在不知道为什么，我会经常有一种莫名其妙的想法，觉得自己变成了一个流氓，这真是太冤枉了，而我对此又毫无办法。"

——不想当流氓的男孩

很多青春期的孩子都有过这些烦恼，而这些烦心事又都是"性"惹的祸。看到孩子的焦虑和苦恼，很多妈妈一方面不好意思开口对孩子进行性教育，另一方面又希望孩子能通过正当的渠道获得这方面的知识，所以她们往往将希望寄托于学校教育。其实，妈妈在对学校教育寄予希望的同时，更应该意识到自己才是孩子第一任而且是最好的性教育老师。

一直以来，在中国的传统文化中，"性"始终是一个讳莫如深的词，而且在不少家庭里，性教育也一直处于欲说还"羞"的状态。那么，作为妈

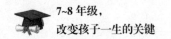

妈又该怎么给孩子解释与"性"有关的问题呢？

方法一：拓宽渠道，让孩子有一个吸取知识的空间

当孩子向你询问一些关于性方面的问题时，你要给出简单易懂的答案，不要长篇大论向他讲述"生命的来源"，因为他对综合性的知识讲座毫无兴趣。如果你也不是很清楚这个问题的答案，可以去查阅这方面的知识。另外，现在书店里有很多适合不同年龄孩子性教育的书籍和家教杂志，建议你购买一本送给孩子，其中那些能帮助他理解生命现象、男女性别差异等问题的插图也可以给他看。

> 8年级的小敏好像恋爱了，妈妈担心女儿会出意外，想对孩子进行性教育，无奈的是由于平时母女间缺乏沟通，女儿根本拒绝接受妈妈的说教。
>
> 一天，妈妈在网上看到一个青春论坛，就与女儿一起观看专家讲解的性教育的视频。在看视频时，妈妈发现，女儿这次没有跟她较劲，而是静静地、认真地观看视频中的讲解。
>
> 见女儿对这种教育方式没有反感，妈妈又有针对性地挑了几个短片与女儿一起观看。女儿的抵触情绪慢慢变小了，妈妈也积累了知识，和女儿交流的话题自然也多了起来。

现在各种传媒非常发达，对青少年进行性教育的电影、电视、光盘也有很多，妈妈可以与孩子一同观看这些影片。在观看过程中，妈妈可以通过讨论、讲解向孩子传授性知识和解答一些常识性的问题，把健康的性观念、性知识在不知不觉中传授给孩子。除了一般的性知识教育，妈妈还需要对孩子的身体发育进行仔细的观察，并给予具体的指导。

方法二：善于回答孩子提出的性问题

妈妈不要对孩子特有的好奇心横加指责，而是应该通过循循善诱的方式来抹掉性问题的神秘色彩，使孩子能够正确地对待性问题。

"妈妈，我问你一个问题，要如实回答，不许笑。你说接吻的时候怎么喘气呀？"12岁的女儿问得很认真。

"吸气的是鼻子，吃饭的是嘴。你用手捂住嘴巴，看看能不能喘气？"妈妈回答得大大方方。

女儿试了试，又问："我看电视剧里接吻的男女都是找个适当的角度。是不是怕鼻子碍事？"

"说对了！你观察得很细致啊。"妈妈赞许道。

当孩子的性知识还是一张白纸的时候，"第一次"涂上去的颜色最重要，妈妈不能给予孩子科学的性知识，他就会通过某些渠道或是与同伴交流来获取不科学的性知识。然而，这些不健康的性知识有可能对孩子的性意识、性观念、性道德观带来误导。

方法三：拉一把正在走入歧途的孩子

如果你发现自己的孩子正在慢慢走入沼泽，但是除了呵斥和打骂之外，你却无能为力的时候，又该怎么办？

下面给大家看一封妈妈写给正在"变坏"的青春期女儿的信，希望对身为父母的您能有所启发。

女儿，自从你上了初中，你和我好像越来越疏远了。你一回家就把自己关进房间里，我现在特别感谢生活中还有吃饭这一项内容，因为只有在吃饭的时候，我才能看见你。

那天，你回家后，在房间门上挂了个"请勿打扰"的纸牌。为这事儿，我和你爸还伤心过一阵子，觉得女儿长大了，就跟父母不贴心了。我们一起回忆你在 6 年级那个暑假时还孩子气地搂着我们的脖子撒娇，怎么一转眼到了 7 年级，就出现了这么大的变化呢？

我们之间的交流越来越少，相反，你对自己的服饰和化妆品却关注得越来越多，我们就忍不住猜想，你是不是恋爱了？于是我和你爸爸商量，由我和你谈谈，地点就在一间叫"FOREVER"的酒吧。

我知道当你听到我说"FOREVER"时是多么吃惊。女儿，你现在知道，你的妈妈并不是那么老土了吧！

我特意找了一个安静的角落，确信我们的谈话不会有别人听见。这时，你把头向我这边探了过来，对我说："妈妈，我爱上了一个男人，他比我大 5 岁，正在念大学，但是他好像有女朋友，我想把他抢过来。我想，为了得到他，从今以后我要做一些调整了，我……"

你不知道，你一开口就是重磅炸弹，我几乎当场石化，但是我深吸一口气，保持镇静，鼓励你继续说下去。

你又咬住下唇，不安地搓着双手，见我鼓励你说下去，你放松了自己，说："我感觉他也喜欢我，如果我向他表明心迹后，他也同意，我就想和他同居，这样我就能永远得到他了。妈妈你会支持我，对吗？"

我的头轰的一声炸开了，我的女儿是那么温柔娴静，怎么会说出这样的话来？

你轻咳一声，坐直身子。从你躲闪的目光中，我看出你还有想问而又不敢问的问题。

你说:"妈妈,你婚前有过性经验吗?"

调整了片刻,我肯定地摇摇头。

然后没有等你开口,我说:"你现在还太小,思想太单纯。如果你试图用身体去吸引你所爱的人,而那人却不爱你,如果不幸他又恰巧是个好色之徒,那你等于是给他一个占有你然后轻视你的机会;如果有幸他是个正人君子,那么你的大胆会让他误以为你是个轻薄之人,他会对你退避三舍。"

虽然酒吧的光线不是很好,但是我看见你点了点头。这让我恢复了一点儿信心,于是继续说:"我曾经参加过一个讨论会,会上的男性专家们都说女性应该从贞操问题中解脱出来。当时有一位女性朋友问发表高论的那位专家:'假如您发现您的妻子在结婚之前和别的异性发生过关系,您……''现在是学术讨论,不是个案分析。'那位专家不等人家说完,就连忙摆手,然后他转向大家,尴尬地笑着说,'当然了,谁都不希望这事儿发生在自己身上。'此君真是一语中的。"

当我说到这儿,我们不约而同地笑了起来。之后我们的谈话很轻松,而且我相信你也明白了几分。

女儿,听妈妈说了这么多,不知你有何感想。你也许会说:"如果两个人真心相爱,性也就不成问题了。"那么,我就要以一个过来人的身份告诉你:如果一个男孩真的爱你,他真的想娶你,他肯定会尊重你、爱护你。因为爱的最高境界不是占有,而是尊重和爱护。

所以,我的女儿,你应该明白,性不应该成为保全爱情的牺牲品,而应该是爱情的果实和结晶。

多么睿智而伟大的妈妈!在孩子深陷感情泥沼时,这位妈妈没有像大

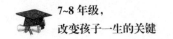

多数的家长一样，呵斥孩子、回避话题，而是用最完美的分析来开导孩子，带他走出困惑和危险禁区，这才是真正的"以柔克刚"。

孩子的性觉醒有兆头吗

7~8 年级的孩子正处于青春期，随着身体的迅速发育和趋于成熟，心理上也会产生微妙的变化，开始逐渐意识到两性的差异，产生一种特殊的情感体验和主观意识，这种心理现象称为性意识。

随着孩子性意识的觉醒，由此带来了一系列有关的变化，主要表现在：

（1）对性知识产生了强烈的需求

伴随着性生理的变化，男孩和女孩开始对性知识产生了强烈的需求，他们非常关注自己以及周围伙伴的发育变化，心中有很多疑惑等待找到答案，很想知道发生在自己身上的变化是否正常。所以，他们常常有意识地通过一些途径来寻求性知识，如翻阅医学书刊、收听专栏广播、暗中与他人比较等。

（2）"两小无猜"的时代已一去不复返，性别界限的社会的帷幕悄悄拉起，异性成了一个不可进入的阵营，异性的世界就是一个神秘的世界。

青春期开始，男孩和女孩在生理上的差别日益明显，随之产生一些不安和害羞的心理，即使因活动需要，他们也会尽量避免接触，更忌讳个别交往，生怕引起非议。同时，由于男女性格上的差异，男同学往往会嫌女同学娇气、胆小、气量小，女同学则讨厌男同学粗野、淘气、不懂事。

（3）孩子开始从"男子汉"或"好姑娘"的角度来塑造自己和期待对方

在性意识的发展过程中，男女同学之间逐渐会产生一种彼此要求接受、互相吸引的心理，希望引起异性的注意和好感。比如，男同学喜欢在女同学面前表现自己的能力和才华，在女同学面前逞能；女同学则变得腼腆、矜持，或是为了引起男生的注意，开始修饰和打扮自己，有的甚至连说话、走路的姿态也变了。

他们开始注重修饰自己的仪表和文饰自己的言行，但对于自己身上发生的变化却没有足够的思想准备和相应的知识储备，因此妈妈有必要通过正常的途径和方法帮助他们正确了解有关的性知识，弄懂这些变化发生的真正原因。

（4）两性关系的意识开始觉醒与发展，对异性产生认知和情感上的需要，对异性产生浓厚的兴趣和探究等行为，最主要的表现就是早恋的萌芽。

对处于青春期的孩子来说，当他们看到异性之间亲密的交往举止时，内心往往会产生一些激荡和新奇的感受，并且非常愿意与异性接近。男孩、女孩会很自然地对异性由好奇产生好感，迫切希望接触，增加交往和了解，有时还可能会产生朦胧并不专一的恋情。

（5）羞于与异性接近，两性关系变得疏远

出于对性别差异的敏感，这个年龄段的孩子对两性关系所持有的神秘感和戒备感也会陡然上升。于是我们经常会看到这个年龄段的孩子既重视与同性的情谊，又羞于与异性接近，在两性交往中更多地出现了回避、疏远、排斥等现象，担心遭到同伴的嘲笑或议论，有的孩子还表现出蔑视或反感异性的行为。其实，这是青春期孩子正常性心理的一种表现。家庭和学校要重视孩子的这种心理变化，帮助他们健康快乐地成长。

可以说，青少年性意识的觉醒与发展是人生发展过程中十分正常且必要的事情，是青春期自我意识发展中的一个重要方面。从此，孩子自我意识的各个层面都和他们的性意识联系在一起。他们开始真正以一个男性或女性的角色在社会中呈现出来。他们对社会中的他人也开始真正以一个男性或女性的角度来对待。这时，连老师和父母在孩子们的眼中也开始有了新的意义。可见，青少年性意识的良好发展是他们在中学阶段必须完成的

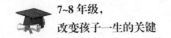

重要的成长任务。作为妈妈，应该做到细心观察和认真体会孩子的身心变化，这样才能做到及时对孩子进行教育和引导，避免发生让孩子遗憾终身的事情。

哪些渠道能够让孩子学到正确的性知识

调查研究发现，大多数妈妈通常都是"谈性色变"，不能主动向孩子谈及有关性的知识，更不知道该如何回答。比如，有些孩子在杂志或书中看到"避孕套"一词时，就会问妈妈："避孕套，是什么东西？它有什么用？"还有些孩子在电视节目或杂志上看到动物的性交行为时，会问妈妈："动物为什么会这样做？"这时候，有些妈妈要么采取搪塞的态度，敷衍说："小孩子不要打听这些事情，长大就知道了。"要么对孩子的提问如临大敌，遮遮掩掩。

事实上，妈妈越怕孩子知道，孩子的好奇心就越强，也就越想知道。孩子不能从正确的渠道了解性知识，就会从其他的渠道寻求满足，如不健康的书刊、网站等，甚至有些孩子还会通过窥视异性身体的方法，满足自己对性的好奇。

青春期的孩子受性生理发育的影响，他们的性意识也在迅猛发展。与此同时，他们对自己生理上的变化会感到困惑、迷茫，迫切需要成人的指导。而现实情况却是，为这种早熟保驾护航的性教育却相对滞后。那么妈妈应该怎样做才能让孩子通过正确渠道了解性知识呢？

方法一：正面回答孩子的问题

当孩子提出有关性的疑问时，妈妈千万不要回避，而是应该直接、正面地回答孩子的问题。例如，妈妈可以科学而简洁地对孩子讲解两性吸引的道理，如实解答生育之谜。也就是说，妈妈应该让孩子知道性并不是什么难以启齿的事情，要让孩子感到放松，这样才能为孩子与父母之间日后在这个问题上的交流奠定好基础。

方法二：教给孩子必要的生理卫生知识和自我保护的方法

当女孩子出现月经初潮、男孩子出现第一次遗精时，妈妈要告诉孩子：你长大了，应该注意生理卫生。同时还要教给孩子，尤其是女孩子一些自我保护的措施，如怎样防止性侵犯，怎样紧急避孕；教给男孩子如何使用避孕套，等等。

方法三：与孩子一起学习和讨论有关性的知识

如果孩子的某些想法或是问题让你感到害羞或是不知所措的时候，尽量不要将自己的态度传递给孩子，而是应该多查一些资料，避免被孩子问倒。同时，妈妈也可以和孩子一起学习有关性的知识。例如，一起参观计划生育图片展览，一起观看与性教育有关的影视资料，一起讨论两性生理结构和功能的差异，从而消除孩子对异性的神秘感。

方法四：采取信件沟通的方式对孩子进行性教育

很多妈妈觉得，当孩子进入青春期时，与子女开口谈性会有些不方便。这时，妈妈还可以通过信件等方式与孩子进行沟通，这样既可以了解孩子的生理与心理发育情况，及时予以必要的指导，也可以增进亲子之间的感情，使孩子的身心得到健康发展。

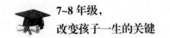
如何培养孩子健康的性心理和性道德

　　说到青春期性教育，学校在这方面仅限于青春期生理卫生知识的传授。而家庭教育也大多局限于此，有些家庭对孩子的青春期教育甚至还处于空白状态。这对培养孩子健康的性心理和性道德显然是不利的。比如，当孩子问到有关性方面的知识时，很多家长往往感觉很难为情，总是想方设法敷衍过去。其实真的没必要，倒不如大大方方地告诉孩子，这样反而会打消孩子的好奇心，有利于培养孩子健康的性心理和性道德。

　　所谓性心理，指的是在性生理的基础上，与性征、性欲、性行为有关的心理状态与心理活动过程。所谓性道德，指的是规定每个人性行为的道德规范。换言之，是为了维护社会秩序的稳定，保证社会生活的正常进行，需要用这种规范来约束人的性行为。比如，忠于配偶、对家庭负责等。而一味追求性行为的好奇感，则不利于恪守性道德，是遵循性道德、家庭婚姻道德的最大隐患。

　　对于 7~8 年级的孩子来说，性心理和性道德的培养和教育是性教育的重中之重。因此，应该引起父母的重视。

　　1. 性心理教育——帮孩子了解健康性心理的三大标准

　　健康的性心理必须符合以下三个标准：

　　（1）个人身心应有所属，即认清自己的性别，以及与性别对应的行为习惯。

　　（2）个人有良好的性适应，包括自我认同，自我悦纳，对自己的性征、性欲能够悦纳。同时，又能接纳异性，能够与异性友好地相处。

　　（3）对待两性一视同仁，即平等对待男性和女性，不过分地亲近某一性别。不因对方是女性，就偏向对方；也不因自己是男性，就偏袒男性。

　　父母在培养孩子的性心理时，应侧重于帮孩子克服性神秘感、恐惧感、自责感、罪过感，引导孩子积极与人交往，参与集体活动，让孩子在人际交往中回归内心的平静。

2. 性道德教育——培养孩子健康的性观念、性取向、婚姻观

性道德包括两性之间的基本行为规范、男女社会交往方面的礼仪、对异性的态度等。对于青春期的孩子来说，培养性道德的关键是教他们正确处理与异性的关系，处理朦胧的两性关系，培养孩子正确的爱情观、婚姻观。

性道德是法律手段之外的道德约束，最主要的是依靠传统美德教育，包括羞耻感、义务感、责任感、良心感、公德感及贞洁感等。一个人在道德的约束下，才能追求真正的爱情，才能享受到如诗如画般的爱情和婚姻生活。

健康的性道德有以下几个标准，父母可以让孩子了解一下：

（1）双方自愿原则——以不违反社会公德为前提。

（2）无伤原则——既不伤害自己，也不伤害别人，更不伤害后代和家人。

（3）爱的原则——真心相爱，才能使身体与灵魂有机融合。

（4）婚姻缔约原则——《圣经》上有句名言："性交只有在结婚的床上才是合乎道德的。"

作为一种社会道德规范，性道德不仅表现为一定的观念、情感、思想，而且体现在具体行为和各种活动之中。因此，父母可以结合生活中的所见所闻，对孩子进行潜移默化的教育，以培养孩子健康的性观念、性取向、婚姻观。

发现孩子手淫怎么办

让我们先看这样一个故事：

阿蒙已经 12 岁了，按妈妈的话说，已经是一名男子汉了。阿蒙的父母非常开明，早早就对阿蒙普及了一些性保健知识，所以对于青春期的阿蒙还是很放心的。

但有一天，妈妈提前下班看到的一切打破了这一平静。

当妈妈用钥匙打开家门后，发现儿子并没有像往常一样在客厅写作业，而是躲进了自己的小卧室。她走到儿子房门口，本想叫阿蒙来吃她刚买回家的草莓，却在开门的一刹那发现儿子正在忘情地自慰。儿子压根儿没发现母亲回家。

妈妈连忙掩上门，她完全被震惊了——儿子还那么小，居然开始手淫了，以后怎么得了！万一把身体糟蹋坏了怎么办？他以后结婚怎么办？生小孩怎么办？

一连串的问题涌上脑海，她觉得有些支撑不住，也想过冲进去立刻喊"住手！"，但毫无疑问那会挫伤阿蒙的自尊心。

发现孩子手淫，到底该怎么处理呢？

其实，发生在阿蒙身上的事情，在很多家庭都发生过。但大部分的父母发现孩子手淫后，采取的往往是斥责。可这些父母都忘了，自己也有青春年少的时候，控制性冲动，有时连大人都掌握不好，更别提懵懂的孩子了。当孩子步入青春期，在性激素的影响下，开始会有性的萌动。他们对性问题满怀憧憬、好奇与幻想，在性生理和性心理的驱动下就会出于本能而开始手淫体验。从生理角度看，性冲动不受大脑支配，而是由血液中的激素水平所决定的，是一种不以人的意志为转移的自然现象，也是一种自然能量的积累过程，当它积聚到一定程度后就应该有一个合理的宣泄途径。

不仅如此，手淫也并不像许多父母认为的是坏孩子的"专利"，在好孩子身上就不会发生。实际上这只是父母的主观臆想。长期以来，父母通常习惯以自己的标准来评价孩子：学习成绩好，做事规规矩矩，听自己和老师的话就是好孩子；反之，就是坏孩子。一些父母之所以认为手淫的孩子是坏孩子，只不过是因为孩子手淫这种行为本身，超出了他们的心理接受能力。在父母心里，孩子永远还是那个什么都需要父母来帮助的"幼儿"，一旦出现成人行为，很多父母都无法接受。其实，父母不要简单地把手淫看成坏事，因为性和吃饭一样，是人体必需的。而且作为生理、心理多重因素交织影响下产生性冲动的一种排解方式，手淫也是一种很正常的行为。

多数父母认为手淫是下流行为，他们甚至会考虑到手淫可能会引起孩子今后的性功能障碍和不育等疾病，因此极力阻止。所用方式方法也可谓无所不用其极，对孩子进行恐吓、打骂，以为孩子吃过苦头后，会因为畏惧父母的打骂而纠正这种不良习惯。其实，这样做非但没有用，结果还会适得其反。因为这样的方法，一方面，会增加孩子对手淫的矛盾心理状态；另一方面，还会使儿童好奇心增加，手淫更加频繁，甚至还会激发孩子的逆反心理。

许多父母接受不了孩子手淫，更多还是因为怕孩子沉溺于此，影响他们的身体健康、学习乃至成长。那么，手淫到底会对孩子产生哪些影响呢？

医学研究已经证明：偶尔发生的手淫行为对身体不会有什么不良影响。反而是许多青少年因为并不了解手淫是怎么回事，心中充满疑问又得不到正确解答而由此产生恐惧、悔恨、紧张、自卑的心理问题。如果孩子手淫后并没有产生不良情绪或影响学习，父母大可不必过分担心。许多父母对待这个问题觉得难以启齿，没有关系，可以去书店买一些有关青少年性健康方面的书籍给孩子看，还可以去心理门诊，请专业医生帮忙。

另外，许多父母自认为孩子有了手淫的习惯就要戒除。实际上这种方法并不明智。孩子手淫本身就会产生很重的心理负担。比如，觉得自己的行为很可耻，认为自己比别的同学"脏"，怕父母责罚、被同学耻笑等，这些心理障碍多是由于对手淫缺少了解或存在错误认识造成的。此时，父母若否定孩子的这种行为，无异于告诉孩子他们的错误认识是对的，这不但不利于缓解孩子的心理压力，而且很容易让孩子否定性欲，对他们成年以后的性生活产生不良影响。

从心理特点来看，处于青春期的孩子对一切未了解的事物都充满好奇，而且越是遭到禁忌的东西，他们就越愿去冒险尝试。所以对待手淫，"严堵"并不是办法，应该让孩子真正了解这种行为，并给其一个客观、正确的评价。如果孩子能够以充沛的活力迎接每一天，并能以坦然的态度接受这种行为，父母就可以顺其自然，不必强迫他们戒除。

怎样防止孩子早食禁果

孩子在早恋中发生性行为，大多由性无知、性好奇而引起。在这一点上父母负有很大的责任，防止早恋中的性行为，第一道防线是父母。父母平时应通过平等谈话等方式适时地对孩子进行性知识教育，开诚布公地讨论性问题，使孩子明白性爱是非常珍贵的，第一次不要轻许。要让孩子学会用成熟和理智的方式去控制性欲，同时还要让孩子明白性行为可能导致的后果，让孩子知道这样不仅会影响自己，也可能会伤害对方。

青华和李乐在 8 年级时陷入情网，他们一直小心翼翼地不露蛛丝马迹，老师和父母依然把他们当成好学生、乖孩子。但正是这两个成绩在学年都排名前 10 的少男少女，偷食了禁果，后来青华怀孕了。

纸是包不住火的。青华的妈妈最终发现了这件事。青华在家人的陪同下做了人工流产，身体越发虚弱，终于因为不能与同学正常学习而休学。李乐的状况也好不到哪里去，他的内心备受煎熬，充满了罪恶感，在往后的学习生活中，总是不能集中精神，心里想的依然是经受了重创的青华，最后他也没能考入理想的大学。

当初，这件事被青华妈妈知道时，她哭泣着问女儿："你难道就没想过后果吗？"

青华低声嗫嚅："我们俩当时接吻了，他很冲动……我也没控制得了自己，结果就……"一时的贪欢让青华悔不当初。

一般科学家认为，性欲是一种本能的欲望，但可以受到高级神经活动的控制。因此，通过必要的性健康知识的学习和自身修养的加强，培养良好高尚的道德情操，从心理方面来调节转移、控制自己的性冲动是可行的。

方法一：让孩子正常地与异性交往

男女之间在生活、学习与工作中，要自然地、坦率地进行正常的交往。这让孩子对异性的心理反应正常化有着重要意义，对男女分隔越严，孩子对于性的问题就越觉神秘、越紧张、越敏感。与异性缺乏正常交往的孩子一旦接触异性，容易对性过于敏感，甚至胡思乱想。

方法二：告诉孩子，切忌与庸俗的异性交往

有的孩子受到庸俗的、低级的、下流的思想的影响，生活作风不正派，与这种孩子接触与往来，容易受到影响，甚至走上犯罪的道路。因此，家长要告诉孩子，如果发现择友不当应立即终止交往。

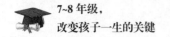

方法三：让孩子避免性的挑逗和刺激

要让孩子看健康的书刊、画报、电影、戏剧、舞蹈等，陶冶孩子的情操，不要让孩子看富有性挑逗的内容，如充满肉欲的电影、裸体画、庸俗的舞蹈等。这些不健康的、肉感的刺激往往对某些孩子的性欲起着挑逗的作用，使孩子不能控制自己的性欲，从而放纵起来，后果不堪设想。

方法四：培养孩子强烈的进取心和兴趣爱好

中学时代是学习的黄金时代，也是治学的重要时期，这一时期告诉孩子应把主要精力集中在学习上，专心致志，奋发图强。只有积极向上的心理状态，才能对性欲起到积极的疏导作用。

另外，多建议孩子在课余时间积极参加有益于身心健康的文体活动，把旺盛的精力集中在努力学习、发展兴趣特长上，追求上进，从而转移和淡化性幻想和性欲望。

方法五：让孩子认清自己的权利和责任

性成熟后人有满足性欲的权利，但在满足性欲望的同时，还要对自己的性行为承担责任。否则，可能会给自己、他人或下一代造成伤害。

方法六：不妨让孩子试试厌恶疗法

可以建议孩子在手腕上套根橡皮筋，当孩子的学习注意力转向性冲动时，就弹橡皮筋，边弹边数，越是欲念强越是手法要重，直到欲念消失，重新恢复注意力。时间一长，欲念一产生，大脑皮层立即就会有类似疼痛的刺激，提示孩子现在不该产生欲念，要赶快终止，从而达到尽快消除性冲动的目的。

家长要告诉孩子，青春发育期的青少年由于性成熟有性冲动是正常的，既不要让孩子思想过度集中在性问题上，影响正常的学习和工作，也不要让孩子过分地自责和压抑，以免产生焦虑、抑郁和其他不良情绪。

　　总之，对于正处在"性待业"期的青春期孩子来讲，不是盲目去压抑性冲动，而是要有效地去进行疏导和缓解。

第十章

关于网络的问题——做智慧妈妈，引导孩子"绿色"上网

网瘾猛如虎。然而，妈妈却不能因为惧怕孩子上瘾就因噎废食，毕竟我们生活在一个信息化的时代，让孩子具备电脑及网络常识是时代所需。

妈妈能做的，就是平和地对待孩子上网的问题，教育孩子如何科学上网和从容面对网络上的各种诱惑，充分发挥网络对孩子成长的积极作用，减少其消极作用。

网络为何诱惑多

一位妈妈觉得自己几乎快要被网络成瘾的孩子搞得"发疯"了，对此她深有感触：孩子一旦迷恋上了网络，就会像吸食鸦片一样上瘾。

三个月前，她的儿子开始去网吧上网，后来几乎每隔几天就要去一次，现在简直到了成瘾的地步，为此这位妈妈常常是天黑

了还要出去满街找儿子，急得她都快要"发疯"了。

当妈妈把孩子从网吧里揪出来时，不止一次问过孩子："上网就那么好？网络就有那么大的诱惑？"

作为与孩子的网瘾搏斗的妈妈，只有深刻了解网络的诱惑所在，才能真正了解你的孩子为什么成为"蜘蛛侠"而彻夜不归了。那么，网络对孩子的诱惑究竟表现在哪些方面呢？

诱惑一：网络活动的自主性、平等性满足了青少年的内在发展需求

网络的自由性符合青少年追求个性的心理。这个年龄段的孩子追求一切有个性的东西，而互联网的自由原则可以最大限度地满足他们的这一心理。网络使人们的社会化空间得到扩展，孩子可以相对自由地、不受约束地从这一"社会环境"中获得自己想要得到的知识和信息，这也在无形中提高了青少年接受社会化的自主性，给了他们拥有平等的权利和更多实现自我价值的机会。

诱惑二：网络行为的交互性、多维性为青少年搭建了开放自我的平台

网络的信息传输几乎综合了影视文化、书刊文化、广播音乐文化等媒体文化的特点，而且网上浩如烟海的信息内容，涵盖了全球的政治、经济、文化、体育等各个领域，这些新的人类文化成果极大地开阔了青少年的视野和思路，为青少年开辟出一片新天地。

同时，网络为青少年提供了人际交往的广阔空间，青少年可以在网络中自由发表意见，张贴图片，甚至即兴表演，并且还能及时得到他人的回应和互动。可以说，网络为青少年提供了在现实社会生活中难以建立的开放自我、表达自我的空间，提供了现实生活中无法进入的互动团体。

诱惑三：网络的交互性、多维性，拓展了孩子的生活学习空间

网络为青少年提供了一个广阔的学习空间，这就大大拓宽了青少年的求知途径，满足了青少年强烈的探求欲望，有助于青少年开阔视野、促进

学业。网络还为青少年提供了一种自由、轻松、没有压力的学习环境，有助于青少年培养和发挥创新能力。同时，网络的无边无际也能极大地激发青少年的好奇心和求知欲，使他们的潜质和潜能被有效地开发出来。

诱惑四：网络世界的虚拟性满足了青少年对现实生活的替代和迁移

网络缩短了人与人之间的空间距离，为青少年进行社会交往提供了一个缓冲的空间。青少年在其成长过程中不可避免地会遇到各种各样的矛盾和冲突，还有很多压力和焦虑，甚至还会发生心理状况的异常，而网络世界则为处于发展冲突之中的孩子们提供了一个可以完全没有烦恼的新天地，现实生活中的烦恼、不愉快甚至憎恨、暴躁，都可以在进入虚拟世界时得到迁移和解脱。

总之，互联网是一个新的事物，而青少年天生就对新事物充满好奇心，拥有其他群体所不具备的快速接收能力。互联网在青少年眼中就是"万花筒"，充满无限的吸引力。

为什么说网瘾不是孩子一个人的错

现如今，关于孩子沉迷于网络的报道总是层出不穷，如果把孩子在网吧打游戏的情况用一张图画出来，那就是：孩子在乌烟瘴气的网吧打游戏，父母在网吧外面痛哭流涕，呼喊"救救我的孩子"。由于网络游戏而造成的自杀、犯罪事件，不仅严重危害孩子的身心健康，也可能导致家庭破裂，这不得不让我们认真审视"网瘾"。

对于网瘾，很多父母总是把错归咎于孩子，认为孩子不听话、不学好、不能控制自己。对此，被称为"中国戒除网瘾第一人"的陶宏开教授认为：人之初，性本纯。网瘾并不完全是孩子一个人的错。那么，网瘾到底是谁之过呢？

1. 家庭原因

陶宏开教授说："每个孩子本身都是纯的，是父母后天教育出了问题，才会出现类似网瘾孩子等问题青少年。现在很多家长，对孩子重玩轻教育，只把孩子当成一个玩具；重养轻教，只管孩子吃饱穿暖，少了思想教育；重智轻德，只看孩子学习成绩，不重视孩子的品德、人格。时间久了，孩子就没有责任感、生命价值观可言。"比如，现实生活中，我们经常会看到一些溺爱孩子、对孩子放任自流的家长，而这些家长又总是在孩子沉迷于网络时，指责别人把自己的孩子给带坏了，这其实是极不负责的行为和态度。作为家长，反倒更应该反思一个问题：为什么孩子会喜欢虚拟的世界？

作为家长，不妨认真地反省一下自己：当孩子沉迷于网络游戏时，你们在哪里？孩子上网的钱是从哪里来的？孩子上网成瘾，几天不回家，你们做了什么？其实，每一个沉迷于网络的孩子，其背后一定有一个问题家庭。而孩子之所以迷恋网络，往往是为了获得补偿，获得现实世界中所缺失的爱、尊重和交流。

作为父母，如果没有能力左右学校的管理，也没有能力改变社会大环境，能做的只有反思自己，用正确的方法教育孩子。要知道，如果不能把孩子教育好，即使孩子现在没有沉迷于网络，今后遇到了令他着迷的事物或有诱惑的东西，他一样会走火入魔，迷失自我。

2. 社会原因

现如今，网络已逐步走进我们的生活，除了满足我们日常的工作、学习、沟通交流之外，网络游戏的开发商、运营商也始终不忘对游戏和娱乐项目的开发，而由此出现的网络游戏、网络聊天等项目更是在一定程度上满足了青少年的心理需求。但是，从另一方面来说，由于这一年龄段孩子的意志力还比较薄弱，且善于群体活动，所以他们往往会相互模仿、攀比，沉迷于网络，很多人可能认为孩子沉迷于网络，是社会的过错，将网瘾的始作俑者指向网吧、游戏开发商、运营商。可以说青少年网瘾与社会环境有着密切的关系，确实，他们为了金钱利益不择手段，缺乏社会责任感。

3.学校原因

看着那些逃课、上网吧玩游戏的学生，我们不禁要问：学校是否做到了有效管理？除了正常的教学，学校有没有教孩子进行自我管理，有没有教孩子追求健康的兴趣？课堂之余，学校是否经常组织一些积极健康的活动？学校是否提供了必要的娱乐、运动场所？当发现孩子沉迷于网络，甚至逃课打游戏时，老师是否在第一时间通知了家长，向家长反映孩子的情况呢？其实这些问题都值得学校、老师们的反思。

那么，面对上网成瘾的孩子，父母又该怎样引导他们呢？

方法一：反思家庭中的问题和家庭教育的缺失

孩子一旦沉迷于网络游戏，家长不能总是时时刻刻都盯着孩子，不停地责怪孩子，而是应该认真地进行分析一下，孩子是怎样上网成瘾的。然后，家长应积极地与孩子的老师、同学进行沟通，了解孩子的近况以及上网成瘾的程度。

对于父母而言，如果你的孩子经常沉迷于网络，不管你的工作、事业有多么繁忙，都请抽出时间陪伴孩子。和孩子一起分析原因，是学习紧张、人际关系紧张，还是性格上有缺陷，帮孩子认识到自身存在的问题，找到比网络游戏更令孩子动心的事物。

方法二：像朋友一样与孩子自然沟通

尽管孩子沉迷于网络让父母有一种恨铁不成钢的感受，但是与孩子在一起的时候，还是应该保持平和的态度，多关心孩子的衣食住行，多与孩子亲切沟通，像朋友一样跟孩子谈论日常见闻，耐心观察和了解孩子的内心世界和想法，慢慢地缓和孩子与父母的紧张关系。等家庭关系渐渐好转后，再见机行事，因势利导地找到合适的切入点，搭起与孩子心灵沟通的桥梁。比如，跟孩子聊聊兴趣爱好、人生目标等。

方法三：带孩子走出封闭的生活圈子

沉迷于网络游戏的孩子，多半人际交往圈子很窄，不喜欢与人交往，或只是与固定的几个人交往，整个人处于一个封闭的生活圈子中。因此，父母有必要尝试带孩子走出这个封闭的圈子，拓宽孩子的见识和视野。比如，经常带孩子出去旅游，陪孩子参加运动，多与别人打交道，让孩子在丰富多彩的活动中感受生活的乐趣，而不是单一地留恋网络游戏。

该不该给孩子添置电脑

快放暑假了，张女士却为要不要给孩子配电脑的事犯起愁来，因为儿子已经催她买电脑很久了，每天都磨着让妈妈给自己配一台电脑，放在自己的房间。

但是张女士却有点儿犹豫不决，她的一个同事就因为给孩子买了电脑，结果家里纷争不断，孩子天天挂在网上，同事不得不每天提醒孩子该睡觉了，该写作业了，而且每天都跟侦察兵似的死死地盯着孩子，孩子当然特别反感，结果两个人经常吵得不可开交。

张女士听了太多同事的诉苦，心里不免有些担心。如果自己给孩子买了电脑，是不是也会出现这样的问题。

面对妈妈的犹豫不决，儿子终于跟妈妈大喊："班级好多同学都有电脑，他们都在 QQ 上聊天，我没有电脑他们就不带我，

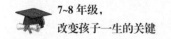

你知不知道我心里有多难过！"

电脑是打开知识大门的金钥匙，在联合国教科文组织对"文盲"做出的新定义中，会不会使用电脑、利用电脑进行简单的信息处理，已成为新时代区别"文盲"的标志之一。电脑给孩子营造了一个全新的教育环境，取代了以往"师者，传道授业解惑也"的传统学习方式。同时，孩子可以通过网络接触到单纯的圈子所接触不到的新知识、新事物和新信息，这对他的成长也有一定的积极作用。

但是我们仍然经常会看到许多家长在给孩子买完电脑之后都后悔了：孩子根本用不着电脑，孩子总是利用各种机会上网玩游戏、看视频，还不如不买。那么，在要不要给孩子添置电脑这件事上，妈妈到底该怎么做呢？或许以下这些方法就能帮到你：

方法一：确定孩子是"听话"的

这里所说的"听话"并不是指孩子应当事事都听大人的话，而是作为家长，你应当有办法管住孩子不做不该做的事情。比如，当孩子的作业还没有做完却想玩电脑，你予以拒绝时，孩子能听你的话；当孩子一吃完饭就想玩电脑，你让他先帮忙收拾碗筷时，他能积极配合。也就是说，如果你确定你的孩子是"听话"的，那么你就可以考虑为他添置一台电脑了。

方法二：确定孩子是自觉的

如果家里添置了电脑之后会发生下面一些事情，建议父母还是暂时不要给孩子买电脑。例如，当你不在家时，你的孩子经常会随心所欲地浏览网页；你的孩子常常会为了一点儿小恩小惠，像赠送礼品之类，就轻易泄露自己和家人的隐私信息；你的孩子在作业上遇到难题时，会上网求助某些平台找答案而不是独自思考；你的孩子与别人聊天时，特别是遇到对自己好的人，很可能会答应对方的要求，比如发送照片、视频聊天等等。

方法三：电脑应该具备学习的功能以及智力开发的功能

学生阶段是人脑力开发的黄金阶段，有益的游戏是锻炼孩子思维能力的重要训练。妈妈应在电脑里设置一些辅助的教学软件，配合不同年龄段孩子的学习课程，以多媒体的方式促进孩子更好地吸收与掌握。

方法四：为孩子设置健康、安全的网络环境

学生时期是人成长的重要阶段，对孩子身体和心理的健康成长都至关重要。所以，孩子的电脑应具备较好的安全防辐射及抗电磁波干扰方面的能力，最好还能同时设置父母安全监控措施，把不健康的东西过滤掉，有效防范孩子接触黄色及有害身心健康的内容。给孩子配好电脑后，并不意味着妈妈可以放手让孩子自己在网络世界中遨游，还必须对孩子进行恰当的引导，否则孩子很容易在网络世界中迷失。下面几节将告诉妈妈应该在哪些方面对孩子进行引导。

孩子上网到底应不应该禁止

随着网络时代的到来，网络已经成为青少年学习和获取信息的重要手段，而且也是青少年娱乐的重要途径。一份来自腾讯公司发布的《儿童安全上网指引报告》的调查数据显示，有近九成的青少年在日常生活中会接触网络，其中城市孩子触网率近95%，而且调查还显示接触网络的年龄也越来越小。

可是，孩子到了7~8年级，即将面临人生中第一个重大转折——中考，如果此时仍然沉迷于网络，无疑会对学习产生不利影响。而且在互联网上，承载着各种各样错综复杂的庞大信息，虽然有的信息可以帮助孩子从小掌握上网查找资料和做研究的能力，但有的信息却不可避免地掺杂着一些不健康的内容。孩子受年龄和社会经验的限制，很难抵御网络垃圾带来的侵扰。

另外，随着网络世界的日益便捷，不少孩子遇到不会的习题往往轻而易举地就能搜到作业答案，当他们尝到了"得来全不费工夫"的甜头，就会越发加重自己对网络的依赖心理，结果养成了不爱动脑筋、不会独立思考的懒惰习惯。

可以说，孩子在使用网络的过程中会存在许多的问题，而这些问题也给父母带来了很多困扰。多数妈妈认为，孩子上网时必须有大人监督，有的妈妈更是严令禁止孩子上网。但是这种做法很容易引起孩子强烈的反抗。现实生活中，由于电脑的使用问题而造成的亲子沟通障碍的案例就有很多。

那么，孩子上网到底应不应该禁止呢？答案当然是否定的。网络是时代发展的产物，在当今社会起着越来越不可替代的作用，虽然网络上存在着不良信息，但网络给青少年带来的好处仍然显而易见。通过上网，孩子不但可以学到更多的网络知识和网络技能，还可以开阔视野、激发学习的积极性、增强沟通能力。同时通过各种网络教育，孩子还可以根据个人兴趣选择适合自己的学习方式和内容，发展自己的个性化特长。当然网络上的不良内容对孩子身心健康的影响也是不容忽视的，但单纯的禁止显然有点因噎废食，而且还可能导致更多的不利因素。

处于青春期的孩子有自己特有的心理和思维，当周围很多同龄人正在通过网络发展着他们自己的小天地的同时，孩子们不会安于被禁止上网的现状，再加上这个年龄段的孩子容易产生逆反心理，他们便会选择网吧作为自己上网的地点。

可见，妈妈不应该完全限制孩子上网，而应该进行有效的引导和管理，鼓励孩子通过网络寻求更多有利于自己成长和学习的信息、知识。

在引导孩子科学绿色上网这个问题上，妈妈应该采取引导教育和管理措施相结合的手段，让孩子学会上网，安全上网。这里给妈妈提供一些让孩子安全上网的方法：

方法一：使用网络文明防护工具以及相关软件监督孩子正确上网

使用具有屏蔽不良内容的软件和网卡是监督孩子正确上网，使孩子不受网络垃圾毒害的比较有效的两种手段。这两种防护工具一旦发现不良网站，就会立即屏蔽，以达到对青少年网络环境的净化作用。

同时，要尽量与孩子一起上网，这样既可以避免孩子进入不健康的网站，又可以对网上内容进行及时的指导和解释；如果实在没有时间与孩子一起上网，可以通过历史记录来查看孩子浏览过的网页，一旦发现孩子进入了不健康的网站，要及时进行教育引导。

方法二：让互联网成为孩子的良师益友

互联网既是浩如烟海的信息库，又是方便快捷的传媒，要想充分利用好这一取之不尽、用之不竭的资源，其实有很多办法。比如，妈妈可以为孩子订阅免费的电子刊物，许多少年网站和报刊都有免费的电子刊物，其内容与正式出版的报刊相差无几。也可以查找几个内容较好的少年网站，放到收藏夹中作为让孩子浏览的固定站点。另外，妈妈还可以引导孩子在网上看电子书。许多网上书屋支持在线阅读，妈妈可以指导孩子读一些适合他这个年龄段的书，如《格林童话》《安徒生童话》及其他中外名著等。

方法三：加强对孩子的网德教育

妈妈要教育孩子用审慎的态度对待网络，不看带有暴力或色情的网络内容，不散布谣言，不搞人身攻击，提倡网络文明用语，不使用粗俗的语言，做一个道德高尚的网民，提高防范网上不健康内容侵害的免疫力。同

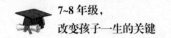

时，还要教育孩子不要沉溺于视频聊天，网上交友很可能会诱使孩子参与到不良的网上活动中去。

总之，妈妈应该鼓励和正确引导孩子上网，相信通过有效的管理，广阔而纯净的网络世界将会给孩子的青少年时期带来无穷的成长快乐和更加丰富的知识，从而提高孩子的能力。

怎样让孩子不再迷恋网络游戏

游戏是人的天性，争强好胜也是人的天性，网络游戏正是利用了人的这种天性。网络游戏的独特魅力在于，网络传播的交互性和不可预测性将这些现实社会中难以实现的内容变成了既可被玩家无限制再生产，又可被玩家无代价享受的虚拟刺激物。可以说，网络游戏永远迎合着玩家的任何要求，而且永远提供着不可预见的新刺激。网络游戏不仅满足玩家的欲望，而且持续不断地激发玩家的欲望。因此，网络游戏比任何网上行为都能更强地培养玩家对网络的依赖和迷恋。

小竹上 8 年级，已经有 2 年的"网龄"，平时喜欢在网上交朋友、玩游戏。寒暑假或周末，每天爸爸妈妈一出门，他就谎称去同学家里做作业，然后偷偷泡在网吧，有时候甚至还会逃学泡网吧。他在网上的人缘非常好，而且网络游戏也玩得很好，是一名常胜将军，伙伴们都对他赞叹不已。在网络世界中，在朋友和他自己的眼中，他都是一个非常了不起的人。

然而，有一次在他玩得正起劲的时候，爸爸不知从哪里突然冒了出来，拧着他的耳朵把他从网吧里面拎了出来。回到家后，面对桌上摊着的不及格的试卷，小竹也泄了气，觉得自己好像一下子从天堂坠入了地狱，从一个被人崇拜的英雄，变成了现实世界中的一个可怜的小人物。小竹一边哀怨一边想："还是在网上那个世界中比较爽一些。"

网络游戏的魅力简单地说就是能够满足人的某些欲望，这些欲望是现实社会里道德和法律所不允许的，所以玩网络游戏比较容易上瘾。那么，妈妈该怎样做才能帮助孩子戒除对网络游戏的迷恋呢？

方法一：对孩子所玩电脑游戏的内容要有所选择

要选择适合孩子的游戏。一般来说，孩子对声音、动画、图像都比较喜欢。这时候要选择一些寓教于乐的游戏给孩子，必要的时候要对孩子给予规范和引导，特别是男孩子对射击、动作等游戏很感兴趣，妈妈就要对之进行合理引导。当然，对于一些涉及暴力和色情等内容的不健康游戏一定不要让孩子玩，以免孩子从中学坏。

方法二：转移视线法

让我们来看看一个聪明父亲是怎样帮孩子戒除网瘾的：

我儿子上初二，他每天总是嚷嚷着玩《开心消消乐》游戏，非要安装《王者荣耀》游戏。有一次，我趁儿子不在家，来了一个大清查，将电脑上的游戏软件全部删除，取而代之的是安装一些比较有趣的学习软件。

儿子回来之后，当然是大吵大闹，我没有发怒，答应跟儿子一起学习如何制作幻灯片。几天后，聪明又充满好奇心的儿子很快就迷上了这个新玩意儿，看着自己亲手制作的"卡通电影"，他觉得特别有成就感。

现在，儿子口口声声说自己将来要当一名"制片人"。此外，我还鼓励儿子通过 QQ 空间展示的方式与同学、老师、亲友联系，让他在"晒"空间的过程中，与别人沟通交流情感，锻炼创作能力。

方法三：巧妙限制法

在上网玩游戏这件事上，妈妈还应该和孩子达成一些协议。例如，孩子在做完所有功课的前提下，可以玩一会儿网络游戏，不过时间一定要控制好。如果孩子在规定的时间内主动停止，妈妈也要给予适当的表扬或奖励。同时，还可以采用积分制度，妈妈可以给孩子规定做一些事情可以用来积分，比如做家务、洗衣服都可以给予积分奖励。当孩子的积分累计达到一定数值时，还可以兑换奖品或奖励，如奖励学习用品、奖励上网玩游戏等。

方法四：温情煽动法

想要帮孩子戒除网瘾，妈妈首先要学会做孩子的朋友，千万不要强迫孩子。妈妈应放下家长的架子和孩子平等地聊天、做朋友，甚至可以聊网络游戏，让孩子在心灵上和你产生亲近感。孩子放学回家，先问问孩子饿不饿，或者今天有没有什么好玩的事，让孩子有一个轻松、温暖的生活环境，最重要的是一定要注重培养孩子其他方面的兴趣爱好，闲暇时陪孩子一起玩益智类游戏，比如一起下象棋等。这样一来，孩子上网成瘾的概率将会大大降低。

如何教孩子处理网络人际关系

随着电脑、手机网络的迅速扩张和强力渗透，上网就像吃饭、出行一样成为普通人司空见惯的生活内容之一。电脑、手机网络作为一种新型的信息传播和人际交往工具，正在改变着现代人的生活方式，并且对人们的学习、工作、生活和心理健康产生着越来越重要的影响。就目前情况来看，电脑、手机网络对学生心理健康的影响有积极和消极两个方面。积极影响主要表现在建立良好的人际关系、情感宣泄、普及心理健康知识、提供心理健康援助和提高正常人的心理健康水平等方面；消极影响主要表现在某些由电脑网络引发的心理障碍、情感冲突和安全焦虑等方面。

露露第一次在一个综合BBS上注册了自己的ID，叫"亲亲小精灵"，好奇的露露开始浏览各个版块的帖子，发现有一个ID为"不知道"的人发了一个标题很过分的帖子——"现在的中学生真差劲"，露露已经7年级了，看着这个标题不禁生气起来。

她点开帖子发现里面主要说现在有的中学生在坐公交车和地铁时不给老年人让座的现象。露露心想这个人真讨厌，于是就回复说："你才差劲呢！你连中学生都不如！"

结果在帖子里很多人都开始"拍"露露的ID，甚至有条回复说："就是因为有你这样的中学生存在，大家才会觉得中学生差劲！"

露露伤心地找到爸爸，说明事情原委。爸爸思考了一下，指导露露对帖子再进行一次回复："大家好，我第一次进入网络社区，看到帖子的标题就忍不住生气了，我没有控制好自己的情绪，在这里向楼主和其他网友道歉，但我认为素质差的中学生毕竟是少数，希望大家多多体谅并指导我们，谢谢。"

下面的网友接受了露露的道歉，并且还有人说："知错能改，善莫大焉。"从这以后，"亲亲小精灵"成了版面里非常活跃的一个 ID，真正成为大家的"可爱小精灵"。

网络社会中的人际关系，就是以网络和数字信息为媒介实现人—机—人互动、交流而形成的人际关系。为此，妈妈要帮助孩子适应网络人际关系，特别是要提防网络中的虚假信息和骗子。

1. 认识网络社会

网络是一个借助虚拟介质进行现实生活的模拟式社会。一个现实中的人可以化作一个或数个 ID，在这里展开自己的各项社会活动，包括交往。网络由形形色色的人组成，由于网络的开放性和即时性传播效应，一些活跃的人往往就容易成为网络社会生产力中"最活跃"的因素。

2. 网络帮派

网络上存在着亲戚论坛、同盟论坛和潜在"敌人"论坛，这些论坛大多自成帮派，拥有自己的理念和系统，也在不时地影响 ID 们的交往逻辑。

3. 不同的交往观也是不同网络观的体现

网络上充满诸多言论，大多以帖子和博客的形式出现，尤其帖子是网络（主要是 BBS）上的交往形态，帖子宣扬了"楼主"（LZ）的言论，跟帖中有捧有砸，孩子在表达自己意见的同时，也要考虑到其他网友的感受。

4. QQ、微信和五花八门的聊天室

网络交往还有很多形式，如 QQ、微信、电话、"见面"等，而且网络交往的私密化和个性化也可以确保人们可能以网为媒找到一个又一个的"现实朋友"。但妈妈应当告诫孩子尽量不要与网友见面。

5. 总会进入一个小圈子

网络交往或网上人际关系可以起到增添生活乐趣的作用。"朋友"多了，一个无形的势力圈就会随之形成。你的帖子有人捧了——点击、跟帖、入精、读评，彼此之间因相互接纳，内心里的归属感也会油然而生。但是，从庸俗的一面来看，朋友的增多也意味着小帮派的形成，而孩子也会在这个小圈子里受到影响。为此，妈妈要关注孩子的网络人际关系，引导孩子进入一个健康向上的圈子。

6. 网络上的爱与恨

有人的地方就有爱与恨的纠葛，网络上就更不例外了。在孩子上网初期，妈妈就应当告诫孩子，要控制在网络关系上投入的感情，毕竟网络是虚拟的。一旦孩子开始投入感情，妈妈只能竭力遏制其往现实方面的发展。任何时候妈妈都要明白，孩子的安全是第一位的。